高等职业院校"双高院校"建设和技能人才培养质量提升工程项目
现代服务与旅游类精品课程配套丛书

市场营销基础

智媒体版

主　编　罗　雪　吴崇俊

副主编　付小文　覃玉馨　周　黎

西南交通大学出版社

·成　都·

图书在版编目（CIP）数据

市场营销基础：智媒体版 / 罗雪，吴崇俊主编.
成都：西南交通大学出版社，2024. 10. -- ISBN 978-7-5774-0146-1

Ⅰ．F713.50

中国国家版本馆 CIP 数据核字第 20243RX173 号

Shichang Yingxiao Jichu（Zhimeiti Ban）

市场营销基础（智媒体版）

主　编／罗　雪　吴崇俊

策划编辑／李晓辉
责任编辑／王小龙
封面设计／成都三三九广告有限公司

西南交通大学出版社出版发行
（四川省成都市金牛区二环路北一段 111 号西南交通大学创新大厦 21 楼　610031）
营销部电话：028-87600564　　028-87600533
网址：https://www.xnjdcbs.com
印刷：成都勤德印务有限公司

成品尺寸　185 mm×260 mm
印张　12.25　　字数　304 千
版次　2024 年 10 月第 1 版　　印次　2024 年 10 月第 1 次

书号　ISBN 978-7-5774-0146-1
定价　38.00 元

课件咨询电话：028-81435775
图书如有印装质量问题　本社负责退换
版权所有　盗版必究　举报电话：028-87600562

PREFACE 前言

"十四五"时期，数字化转型升级已成为企业生存与发展的关键。市场营销同样需要进行数字化转型升级，结合大数据、人工智能等先进技术，提高营销效率和精准度。数字化转型有助于企业实现精准营销、个性化服务和智能化决策，提升市场竞争力。

市场营销对于企业的成功至关重要。它不仅是企业与消费者之间的桥梁，还是企业了解市场变化、把握商业机会的重要手段。通过有效的市场营销，企业可以树立品牌形象，提高知名度，增强竞争力，从而实现可持续发展。市场营销作为一门涉及如何识别、预测并满足消费者需求和欲望的学科。它涵盖了从产品策划、定价、促销到分销的各个方面，旨在确保企业能够高效地将其产品或服务推向市场，实现商业目标。

本教材主要有以下特点：

1. 精讲基本原理。结合高职学生的知识基础，注重市场营销基本理论的介绍，系统阐述市场营销的基本知识和基本策略，并引入国内外市场营销新观念、新理论、新成果。

2. 坚持实践导向。根据高职教育的培养目标和学生特点，以市场营销活动过程为主线，按照市场营销实际工作过程的逻辑关系构建教学内容，并引入现代市场营销实践的新经验、新做法，充分实现理论与实践的融合。

3. 注重技能培养。坚持以能力为本位。每章前面有学习目标，后面有思考与练习、技能实训，每节中都有案例。这既便于教师组织教学及实训，也方便学生学习。

4. 采用直观表达。运用图表等形式，使教材内容具体、形象、直观，便于学生理解和掌握。

本教材适用于高等职业院校、普通高等院校、成人高等学校相关专业的市场营销课程教学。

本教材的体例安排为：

（1）在每个项目的开始，设置了"学习目标"与"案例导入"。

（2）在每一任务的叙述过程中，穿插安排了"小案例""营销拓展"和"做中学"栏目。

（3）每一章的结束，设计了"复习与思考"和"营销实战训练"栏目。设计营销实训环节，提高学生的营销实战能力。

本教材由罗雪、吴崇俊担任主编，付小文、覃玉馨、周黎担任副主编。

在编写过程中，我们参考和借鉴了众多学者的研究成果，在此表示诚挚的谢意。鉴于编者学识有限，书中难免存在缺憾和不足之处，敬请各位读者批评指正。

本教材的编写得到了西南交通大学出版社的大力支持和帮助，编者在此表示衷心的感谢。

编　者
2024 年 5 月

智媒体资源目录

序号	资源名称	资源类型	页码
1	市场营销的核心概念	微课	7
2	当代营销面临的新环境	微课	15
3	习题测评	题库	20
4	营销环境含义、特点及企业与环境关系	微课	24
5	SWOT分析（内外部环境分析）	微课	36
6	习题测评	题库	45
7	消费者市场与购买行为分析	微课	48
8	组织市场与购买行为分析	微课	59
9	习题测评	题库	63
10	目标市场选择	微课	78
11	市场定位	微课	85
12	习题测评	题库	90
13	产品组合策略	微课	98
14	品牌与包装策略	微课	104
15	习题测评	题库	116
16	定价方法	微课	123
17	定价策略	微课	126
18	习题测评	题库	133
19	分销渠道的设计	微课	140
20	分销渠道的管理	微课	142
21	习题测评	题库	149
22	商品推销策略	微课	156
23	广告策略	微课	158
24	营业推广策略	微课	161
25	公共关系策略	微课	163
26	整合营销	微课	165
27	习题测评	题库	169
28	初识新媒体	微课	173
29	新媒体营销方法	微课	177
30	习题测评	题库	187

CONTENTS 目 录

项目一　认识市场营销 ··· 001
　　任务一　市场营销的起源与发展 ·· 003
　　任务二　市场营销概述 ·· 006
　　任务三　研究市场营销的重要性 ·· 012
　　实训一　组建市场营销团队 ·· 018

项目二　营销环境分析 ··· 021
　　任务一　营销环境概述 ·· 024
　　任务二　微观环境分析 ·· 026
　　任务三　宏观环境分析 ·· 030
　　任务四　SWOT 分析法 ·· 035
　　任务五　市场调研 ··· 037
　　实训二　市场调研规划 ·· 043
　　实训三　组织实施调查 ·· 044

项目三　市场购买行为分析 ·· 046
　　任务一　消费者市场与购买行为分析 ···································· 048
　　任务二　组织市场与产业购买行为分析 ································· 059
　　实训四　案例分析 ··· 062

项目四　目标市场战略 ··· 065
　　任务一　市场细分 ··· 068
　　任务二　目标市场选择 ·· 078
　　任务三　市场定位 ··· 084
　　实训五　案例分析 ··· 089

项目五　产品策略 ··· 092
　　任务一　产品与产品组合 ··· 094
　　任务二　产品的整体概念 ··· 101
　　任务三　品牌与包装策略 ··· 104
　　任务四　新产品开发 ··· 110
　　实训六　案例分析 ··· 113

项目六　价格策略 ········· 117
任务一　影响定价的因素 ········· 119
任务二　定价方法 ········· 123
任务三　定价策略 ········· 126
实训七　案例分析 ········· 131

项目七　分销策略 ········· 134
任务一　分销渠道的概念与类型 ········· 137
任务二　分销渠道的设计与管理 ········· 140
任务三　中间商与电子商务渠道 ········· 144
实训八　营销技能实训 ········· 148

项目八　促销策略 ········· 151
任务一　促销组合 ········· 152
任务二　人员推销策略 ········· 156
任务三　广告策略 ········· 158
任务四　营业推广策略 ········· 161
任务五　公共关系策略 ········· 163
任务六　整合营销 ········· 165
实训九　营销技能实训 ········· 168

项目九　新媒体策略 ········· 171
任务一　初识新媒体 ········· 173
任务二　新媒体营销方法 ········· 177
任务三　新媒体营销策略 ········· 181
实训十　营销技能实训 ········· 186

主要参考文献 ········· 189

项目一 PART ONE
认识市场营销

知识目标

1. 了解国内外市场营销的发展。
2. 理解营销的内涵。
3. 理解市场营销的核心概念。
4. 熟悉营销面临的新环境。

能力目标

1. 初步具备讲述市场营销起源与发展的能力。
2. 能分清需要欲望与需求的概念并能够举例。
3. 能够理解营销的主要职能并且说明在不同行业的应用。

素质目标

1. 培养学生勤于观察和思考的能力。
2. 培养学生乐于学习和探究的态度。
3. 培养学生团队合作和营销创新的意识。

案例导入

单日销售额破亿！"酱香拿铁"凭什么全网爆火？[①]

"美酒加咖啡，就爱这一杯。"

2023年9月4日的一大早，瑞幸咖啡和贵州茅台联名推出"炸裂"朋友圈的新品："酱香拿铁"，在瑞幸全国门店上线，一并推出的还有包含茅台经典元素的联名杯套、纸袋和贴纸。仅一天后，瑞幸咖啡官微发文称，酱香拿铁单品首日销量突破542万杯，单品首日销售额突破1亿元，刷新单品纪录，成为现象级的爆品。

社交媒体的数据上，多个与"瑞幸联名茅台"相关的话题登上微博热搜，阅读量均超2亿次。同时，线下多家门店一度排起长队，"瑞幸咖啡"App上更是显示"酱香拿铁"已售罄。

[①] https://baijiahao.baidu.com/s?id=1776494456193817932&wfr=spider&for=pc，2024-05-06.

在跨界营销圈，瑞幸早已是经验老到的行家，从联名定位到合作预热，再到声量破圈，瑞幸已经形成了一套较为成熟的营销策略，具体来看主要包含四个方面。

第一，品牌强强联合。这是两个顶流品牌互借流量的双赢跨界。瑞幸咖啡这次通过与茅台酒的合作，将大大提升在咖啡行业引领趋势的形象，同时迅速提升瑞幸的品牌调性。而茅台酒则通过这个联名，在之前被热炒"已经卖出1 000万杯茅台冰激凌"后，再次制造出话题，实现了与年轻人的互动。可以说，茅台酒是越来越懂年轻人了。

第二，口感独特体验。从整体的产品体验而言，"酱香拿铁"刚入口的时候确实有比较明显的酱香味，据说其酒精度少于0.5度，然后自然是浓浓的咖啡味，节奏感也把握的很好，许多公司的"90后""00后"喝下来的体验都不错。从年轻人"秋天的第一杯奶茶"开始，茅台酒通过瑞幸咖啡，让年轻人在这个秋天体验到了"第一口茅台"。从产品带来的话题感，这本身就有巨大的自传播力。

第三，话题迅速破圈。产品包装上"美酒加咖啡"的设计特别醒目，相信很多人一定会产生共鸣，会想起曾经的一首经典歌曲。这杯酱香拿铁咖啡不仅连接了年轻人，也串联起很多茅台酒的目标人群。在朋友圈中，很多人都晒出了自己与"酱香拿铁"合影的照片，这个跨界也迅速成为一个"社交货币"和品牌的"自来水"[1]。

第四，强标识物料。跨界联名的物料的识别度也很好，很简洁，大家一看就知道这是茅台，可以迅速吸引受众的注意力。还有这个贴纸，有情怀的用户可以把茅台酒的标志和形象收藏起来。创意的小心思覆盖到了每一个细节。

据说这杯咖啡是限量款，但是制造出这样的热度，对于茅台和瑞幸来说就已经足够了。最后总结，"酱香拿铁"这个联名案例带来启示：品牌就是IP[2]，产品就是内容，内容就是流量。

讨论

1. "酱香拿铁"为何如此火爆，瑞幸是如何进行市场营销的？
2. 你还知道哪些"出圈"的营销事件吗？

---

[1] 自来水，网络用语，是指一群因为发自内心的喜爱和欣赏之情，或不由自主，或满腔热情，去义务宣传某项活动、某个品牌等的粉丝团体别名。

[2] IP，网络用语，指知识产权（Intellectual Property）。

任务一　市场营销的起源与发展

营销是现代商业竞争中不可或缺的一环，它是企业推广产品或服务的一种方式，旨在提高销售量，扩大市场份额，提高品牌知名度和美誉度，从而实现企业盈利的目标。

事物的发展往往有一个演变的过程，营销也是如此，从最原始的形态逐步演变，直到形成我们现今常见的全方位推广营销。

一、国际市场营销

营销的起源可以追溯到20世纪初的美国。当时，随着工业化和城市化的发展，市场需求激增，市场竞争日益激烈。企业开始意识到，单纯地生产产品或提供服务已经不足以获取足够的市场份额，需要通过市场营销手段来推广产品或服务，提高销售量。

营销的概念在20世纪50年代形成，并逐步成为现代商业竞争中的一种重要手段。

（一）大生产时代

20世纪初，福特公司的威廉·C.克莱恩去芝加哥的一家屠宰场参观，他发现屠宰场把整个杀猪流程分成了一系列专门的步骤，每个工人只负责其中一个肢解部位，重复切片后，送上传送带。这种高效率杀猪流程引起了克莱恩的注意，后来他把这种流水线方式引入福特工厂，极大地提高了T型车生产效率，降低了生产成本。

福特公司在1914年就可以做到平均每94分钟生产一辆汽车。到1920年代，T型车的销售价格甚至降到了300美元一辆，而同时期其他汽车通常为2 000~3 000美元一辆。在第1 000万辆T型车下线时，全世界90%在跑的汽车都是福特生产的，福特在1917—1923年也没有做过任何广告，这是何等的成功。

从T型车的发展可以看出，20世纪初企业最关心的是生产问题，关注的是效率和成本。所以市场营销一诞生，强调的就是如何提高从生产到消费对接的系统效率。营销的本质是流通，流通的核心毫无疑问是流通效率和交易成本。所以企业面临的第一个营销问题就是：怎么提高流通效率？

（二）产品时代

1929年的经济大萧条为第二次世界大战埋下祸根。整个20世纪30—40年代，世界都笼罩在战争的阴云之下，商业完全不属于这个时代，直到二战结束，商业才再次繁荣起来。

欧洲在二战时期打得火热，对军火和食品需求大，美国伺机而动，抓紧机会搞大生产，迅速占领了全球市场，一跃成为超级大国。20世纪50—60年代，发达资本主义国家进入经济高速增长的"黄金时代"，刺激了市场营销的快速发展。

在这个阶段企业最关心的是产品问题。只要产品好，顾客不会少。1950 年，"市场营销组合"这个概念出现并被采用。1960 年，美国密西根州立大学的麦卡锡教授提出 4P 营销组合，即产品（Product）、价格（Price）、渠道（Place）和促销（Promotion）的营销要素组合。

（三）用户时代

1960 年代，美国经济更加繁荣，产品也在不断升级，市场上的产品种类越来越多，"雷同"现象加重。这个时期的企业营销仅靠生产产品、告诉消费者产品有什么好处已经远远不够，早就不足以打动消费者，企业面临的最大问题是用户。

对用户的关注不仅是需求，还要有心理。"品牌形象""生活方式"相继被提出，这就是市场细分的深化。按照拥有某种特定生活方式的群体需求来设计产品，设计产品的使用者形象，这就是打造企业的品牌形象。企业拿出巨额开支来建立品牌形象，打造生活方式，这就扩大了广告行业的规模。在这一时期，各个广告公司开始竞相标榜品牌形象和品牌个性。

面对那么多相似产品，消费者决定买哪种主要靠感性而非理性，可见描绘品牌形象比强调产品具体功能重要的多。而且，消费者购买的不只是物理意义上的产品，更是一种心理上的满足，所以广告更应该为产品赋予情感和个性。在这个阶段，"用户至上"取代了"产品至上"。

（四）竞争时代

到了 1970 年代，美国经济受经济危机及多种国际事件影响而急转直下，不再是全球市场的霸主。这个年代的市场营销以竞争为导向，"商战"一词由此而来。商战的战场就在消费者的心智里，企业要想存活下去，就必须在消费者心智上占据一席之地。随着竞争越来越激烈，市场上的产品越来越多，同质化问题不再是最主要的矛盾，因为另外一座"大山"——品类分化问题拔地而起。

以沐浴露为例，早期只要企业能生产的出沐浴露，就会有人买，后来大家都去生产沐浴露，这时候就要去研究其中部分消费者对沐浴露的特定需求，再研发差异化产品，并建立品牌。如今沐浴露产品里出现了清爽、去油、美白、润肤等更细的品类。这么多的沐浴露，消费者想记住谁都不容易。所以，企业要占据某种品类的代表，从而在消费者心智上占据一席之地。这块地越大，市场份额就越大。

市场营销经历了产品观念、用户观念、竞争观念几个阶段。产品、消费者和竞争对手就是营销的"铁三角"。任何企业的经营活动，都是生产产品、寻求并卖给消费者、预防并打败竞争对手的过程。

（五）开放和回归

1980 年代以后，日本、欧洲、中国的经济相继崛起，"经济发展"成为世界主题，"地球村"出现了。"全球营销"的概念被提出，建议跨国公司向全世界提供统一产品，用统一的沟通手段，不要搞地区差异化。最好的代表就是汇丰银行的广告语"the world's local bank"——环球金融、地方智慧、世界本土银行。

后来出现的"大市场营销"的概念，在"4P"理论中又加入了"2P"，即政治力量（Political

Power）和公共关系（Public Relations）。自此，塑造现代营销的三股重要力量变为科技、全球化和企业社会责任，营销自此越来越开放。其中，人（People）这一要素被着重标出——营销必须回归到人身上。

2005年，"蓝海战略"的概念被提出。该理论认为企业不应只盯着竞争对手不放，而要为消费者创造价值，不要只在现有的市场结构下闭门造车，而要通过价值创新打破原有的市场结构。只有以突破竞争为目标，从用户价值出发，对产品价值链进行重新设计，创造新的消费需求，最终才能走向广阔的、全新的"蓝海"。"蓝海"通过价值创新打造企业的差异化价值组合，在满足用户需求的同时，也使竞争对手难以模仿，更难以超越。

营销就是创造价值、传递价值的过程。营销的目的不是创造购买，而是建立关系，只有和用户搞好紧密又长远的关系，才能持续从中获利。这个时期，营销界又一次高举用户观念的大旗，再次强调营销的本质是帮助企业解决问题，从产品、用户、竞争中解决问题。

二、国内市场营销

相较于拥有百年营销发展史的西方国家，中国的营销起步较晚，至今也不过四十余年的历史。虽然中国营销的出现晚于西方，但是伴随着中国经济近年来的迅速发展，市场潜力极大涌现，中国营销思想正在迅速追赶西方脚步，并逐渐有了超越之势。

中国市场营销的起步可以追溯到20世纪70年代末期，中国开始实行改革开放政策，逐渐推行市场经济体制。这一时期，企业面临的市场竞争尚不激烈，主要采用传统的方式来进行营销，如拜访客户、散发传单、投放电视广告等。此外，由于市场信息的不完善，企业对市场的了解还比较肤浅。

然而，随着市场经济进一步深化和竞争日益加剧，国内企业逐渐意识到了营销的重要性。从20世纪90年代开始，一些知名的国际品牌逐渐进入中国市场，比如可口可乐、IBM、摩托罗拉等，他们通过差异化竞争积极创造品牌、拓展市场。对于当时的国内企业来说，这是一种无形的竞争压力，促使他们开始重视营销，并逐渐形成了有针对性的营销思路。

中国市场营销的起步虽然比较晚，但是中国庞大的经济体量和市场规模，为中国营销的发展提供了充足的空间和机会。如今，中国的市场营销已经非常活跃和成熟。随着信息技术的发展和市场竞争的不断加剧，中国企业也在不断创新营销策略，以提高自身市场竞争力。

任务二 市场营销概述

一、营销的内涵

营销是现代商业竞争中不可或缺的一环,它是企业推广产品或服务的一种方式,旨在提高销售量,扩大市场份额,提高品牌知名度和美誉度,从而实现企业盈利的目标。

(一)市场的含义

市场是指某种产品的现实购买者与潜在购买者的总和。销售者构成行业,购买者构成市场,同行业销售者是竞争者。

$$市场 = 人口 + 购买力 + 购买欲望$$

这三个要素共同构成了市场,缺一不可。所以,市场是指具有特定需要和欲望,而且愿意并能够通过交换来满足这种需要或欲望的全部潜在顾客。市场大小,是指具有购买欲望和购买能力的消费者的多少。

市场的基本特征:统一、开放、竞争、有序。

1. 统一

统一使消费者在商品的价格、品种、服务上能有更多的选择,也使企业在购买生产要素和销售产品时有更好的选择。

2. 开放

一个开放的市场,能使企业之间在更大的范围内和更高的层次上展开竞争与合作,促进经济发展。

3. 竞争

竞争是指各经济主体为了维护和扩大自己的利益而采取的各种自我保护的行为和扩张行为,努力在产品质量、价格、服务、品种等方面创造优势。

4. 有序

市场有序能保证平等竞争和公平交易,保护生产经营者和消费者的合法权益。

(二)营销的含义

营销是一种管理过程,旨在发现、创造和交付价值,以满足目标市场的需求,同时获取利润。这个过程包括市场调研、选择目标市场、产品开发、产品促销等一系列与市场相关的企业业务经营活动。其核心目的是在适当的时间、适当的地点，以适当的方式，向适当的消费者提供产品和服务，从而实现企业的盈利目标和社会价值。

小案例

两个推销员[1]

这是营销界人尽皆知的一个寓言故事：

两家鞋业制造公司分别派出了一个业务员去开拓市场，一个叫杰克逊，另一个叫板井。

在同一天，他们两个人同时来到了南太平洋的一个岛国。到达当日，他们就发现当地人全都赤足，不穿鞋！从国王到贫民，从僧侣到贵妇，竟然无人穿鞋子。

当晚，杰克逊向国内总部老板拍了一封电报："上帝呀，这里的人从不穿鞋子，有谁还会买鞋子？我明天就回去。"

板井也向国内公司总部拍了一封电报："太好了！这里的人都不穿鞋。我决定把家搬来，在此长期驻扎下去！"两年后，这里的人都穿上了鞋子……

营销启示：许多人常常抱怨难以开拓新市场，事实是新市场就在你的面前，只不过你怎样发现这个市场而已。

（三）市场营销的含义

市场营销（Marketing），又称市场学、市场行销或行销学。

市场营销是商品或服务从生产者手中移交到消费者手中的一个过程，是企业或其他组织以满足消费者需要为中心进行的一系列活动。

市场营销既是一种职能，又是组织为了自身及利益相关者的利益而创造、沟通、传播和传递客户价值，为顾客、客户、合作伙伴以及整个社会带来经济价值的活动、过程和体系。

美国学者基恩·凯洛斯将市场营销各种定义分为三类：

（1）将市场营销看作一种为消费者服务的理论。

（2）强调市场营销是对社会现象的一种认识。

（3）认为市场营销是通过销售渠道把生产企业同市场联系起来的过程。这从侧面反映了市场营销的复杂性。

课间讨论

市场营销就是研究如何将产品卖给用户，这一说法是否正确？

市场营销的核心概念

二、核心概念

（一）需要、需求和欲望

1. 概念

需要、需求和欲望是三个不同的概念，它们在心理学和市场营销学中有不同的含义和应用。

---

[1] https://www.sohu.com/a/120219108_353366，2024-03-09.

需要：通常指人们未被满足的状态，如对食品、衣服、住所、安全、归属、受人尊重等方面的需要。这种状态是由基本的生存需求驱动的，是人类为了生存而产生的动力。

需求：通常指有能力购买并且愿意购买某个产品的愿望，是欲望和购买能力的结合，即当人们有购买能力和对某个产品的欲望时，就形成了需求。

欲望：通常指人们对某些具体满足物的愿望，是需要的进一步具体化，当人们的需要得到满足时，可能会产生对更深层次满足的欲望。

2. 三者间的关系

需要、需求和欲望三者之间层层递进、互相影响又联系紧密。先有需要，再有需求的心理，最后欲望加重。跟自己消费能力相匹配的是需求，低于自己消费能力的是需要。略超出自己消费能力，向上踮起脚尖，努把力勉强能得到的，属于欲望。超出太多，无法到达的就是奢望。

举例说明，口渴了，喝杯凉开水，满足的是需要型需求；在"娃哈哈"纯净水、"康师傅"矿物质水、"农夫山泉"天然矿泉水之间选择，满足的是选择性需求；喝瓶"依云"矿泉水，满足的就是欲望了。

总结：需要、需求、欲望是一个信息连贯的加工过程。

【知识拓展】

马斯洛需求层次模型如图1-1所示。

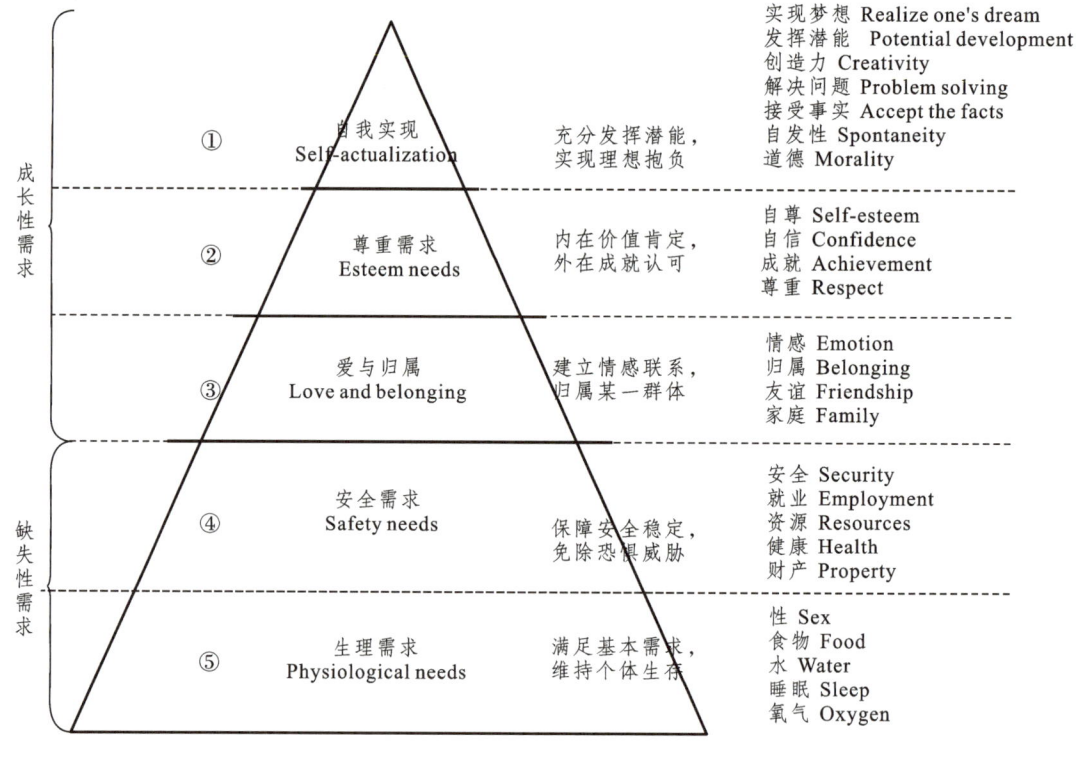

图1-1 马斯洛需求层次模型

马斯洛认为，需要是人类行为的积极的动因或源泉。需要引起动机，动机驱动行为。因此弄清了人类的基本需求结构或层次，就能很好地说明、解释、预测和控制人类的行为。

他按照由低级到高级的顺序将人的需要分为五个层次：生理需要、安全需要、社交需要、尊重需要和自我实现需要。

1）生理需要

生理需要是人类维持其生命和生存最基本的需要，也是需要层次的基础，包括对食物、水、性以及避免寒冷或炎热的需要等。

对于缺乏这类东西的人来说，其主要的行为动机受生理需要支配。

例如，一个极端饥饿的人，会把全部的精力用在觅食活动上，对他来说有食物的地方是最理想的去处。

马斯洛曾说，"一个人如果同时缺少食物、安全、爱情和被尊重等，则食物的渴求可能最为强烈。"

生理需要是人类最低层次的需要。一旦这种需要被满足，人们就开始追求更高层次的需要。

2）安全需要

安全需要是指对避免危险、威胁和剥夺的需要。

（1）最常见的安全需要，就是保护个人免受肉体上的危险，如火灾、事故等。在工业部门，常见到"此区禁止吸烟""超过此处必须佩戴护目镜"等标牌，也是管理者为满足安全需要所做的一种努力。

（2）第二种安全需要是经济保障。员工的各种福利待遇，如事故保险、健康保险以及人寿保险等，均有助于满足这类需要。

（3）第三种安全需要是对有秩序的、可预知环境的需要。安全需要的含义很广泛，从世界和平、社会安定直至个人的安全等都属于安全需要的范畴。安全需要是人类安居乐业的基本保证。

3）社交需要

社交需要是指个人对爱、情感和归属的需要，主要包括两方面内容。

（1）一是爱的需要，即人都希望伙伴之间、同事之间关系融洽，保持友谊和忠诚，希望得到甜美而忠贞的爱情，希望爱别人，也渴望得到别人的爱。

（2）二是归属的需要，即个体都有一种要求归属于一个集团或群体的感情，希望成为其中的一员并得到相互关心和照顾。

组织管理者应该认识到，当社交需要成为主要的激励来源时，员工会把工作视为寻求建立温馨、友善、和谐人际关系的机会。

4）尊重需要

尊重需要是指个体希望获得成就感以及得到他人对自身价值的承认与尊重的需要。

尊重需要分为两类：一类是希望有实力、有成就、能胜任、有信息以及要求独立和自由；另一类是要求能使对自己充满信心，对社会满腔热情，体会到自己生活在世界上的用处和价值。但尊重需要一旦受到挫折，就会使人产生自卑感、软弱感、无能感，从而使人失去生活的基本信心。

关注员工尊重需要的管理者一般会通过公开奖励以承认其工作业绩等方式激励员工。这类管理者会采用在公司报刊上撰写文章或在公报栏里发布消息等方式对员工的良好表现进行表扬。当然，也有部分员工不喜欢公开表扬而愿意私下被肯定。

5）自我实现需要

自我实现需要是人的最高层次的精神需要。它是指发挥自我内在潜力，实现自己理想和抱负的需要。

产生这种需要的人决心发挥自己最大的能力完成难度较大的工作任务，成就一番事业，努力使自己成为理想的人。

这种需要往往是通过胜任感和成就感来获得满足的，如音乐家创作出天籁之音，作家写出万古流芳的作品，诗人吟唱出脍炙人口的诗篇，这些都是借以达到自我实现的途径。

注重自我实现需要的管理者会激励员工们进行工作设计，发挥一技之长，或者给予班组自由安排工作任务的权力。

（二）产品

产品指能够用以满足人类某种需要或欲望的任何东西，包括有形产品、无形服务、思想、主意、设计等。

人们获得产品不是为了拥有某一物品，而是能够得到一种满足，所以实体产品重要性应是它对欲望满足的能力，这种对欲望能力的满足是产品的核心内容。它要求生产者对产品要有一个正确的认识。如果生产者关心产品甚于关心产品所提供的服务，那就会陷入困境。市场营销者的任务，是向市场展示产品实体中所包含的利益或服务，而不能仅限于描述产品的形貌。否则，企业将导致"市场营销近视"，即在市场营销管理中缺乏远见，只看见自己的产品质量好，看不见市场需要在变化，最终使企业经营陷入困境。

（三）效用和价值

人们对产品选择的标准是产品的效用和价值。

效用指产品满足人们欲望的能力。它是一个人的自我心理感受，来自人们的主观评价。对产品效用的评价有两种观点：一种是由产品价值决定，另一种则是由产品边际效用决定。

价值是人类劳动当作商品共有的社会实体的结晶。商品价值量的多少由社会必要劳动时间来决定。

边际效用学派认为，消费者根据不同产品满足其需要的能力来决定这些产品的价值，并据此选择购买效用最大的产品。他所愿支付的价格（即需求价格）取决于产品的边际效用。

由于消费者收入是有限的，为了从有限的花费中取得最大的效用，消费者必须使其在每一种物品上的最后一个单位货币所产生的效用相等。这一理论叫做戈森第二定律。这也是消费者在购买不同产品时评判的标准。

（四）交换、交易和转让

人的需要可有四种方式来满足：自行生产、强制取得、乞讨、交换。

市场营销活动的基础是交换，也就是只有当交换出现并发展到一定水平时，市场活动才出现并随之发展。

交换是指通过某种东西（产品或货币）为回报，从别人那里取得所需物的行为。交换后的结果是双方都比较满意，即交换后的结果都比交换前好。

交易是交换活动的结果，是交换活动的基本单元。交易是指双方之间的价值交换所构成的行为。交换是一个过程。如果双方正在进行谈判，并趋于达成协议，意味着他们双方正在进行交换。一旦达成协议，就称其为发生了交易行为。

交易的实质内容有：
（1）至少两个有价值的事物；
（2）买卖双方所同意的条件；
（3）协议时间和协议地点。

转让：转让与交易不同，在转让过程中，甲将某物给乙，甲并未接受任何实物做回报。

（五）市场营销与营销者

市场营销是指与市场有关的人类活动，即以满足人类各种需要与欲望为目的，通过市场把潜在交换转变为现实交换的活动。在交换双方中，如果一方比另一方更主动更积极地寻找交换，则前者称为市场营销者，后者称为潜在顾客。

市场营销者是指希望从别人那里取得资源并愿意以某种有价之物作为交换的人。市场营销者可以是卖主，也可以是买主。假如买卖双方都在积极寻求交换，我们将双方都称为市场营销者，并将这种情况称之为相互市场营销。

任务三　研究市场营销的重要性

市场营销是一项整体性的经营活动，贯穿于企业经营活动的全过程，无论是买方还是卖方，只要是与经营有关的活动都与营销有关。营销的成功与否与企业的生存利益息息相关。

一、营销在不同行业的扩散

随着市场竞争的加剧，企业营销策略在不同行业中的应用和效果越发重要。不同行业的企业面临着不同的市场环境和竞争对手，因此需要制定适合自身发展的营销策略。本书将以几个代表性行业为例，探讨企业营销策略在不同行业中的应用与效果。

（一）零售业

零售业是消费品行业中的典型代表，涉及各种消费品的销售。在这个行业中，企业的营销策略主要包括市场定位、产品策略、价格策略、渠道策略和促销策略等。市场定位是零售企业制定营销策略的首要步骤，通过明确目标消费者和市场细分，企业可以更好地满足消费者需求。例如，面向高端消费者的高档百货商场和面向大众消费者的超市的市场定位是不同的。

1. 产品策略

产品策略是零售企业营销中的核心策略之一，涉及产品的品质、种类和定位等方面。与竞争对手相比，企业可以通过提供更具竞争力的产品来吸引消费者。例如，在家电零售店中，引进最新的高科技产品可以提高产品的吸引力。

2. 价格策略

价格策略是零售企业中的重要策略之一，直接影响消费者的购买决策。企业可以采取不同的价格策略来吸引消费者，如折扣促销、套餐优惠等。然而，企业也应该注意在保证利润的同时，提供合理的价格。

3. 渠道策略

渠道策略涉及产品的分销渠道选择和管理。在零售行业中，选择合适的渠道可以提高产品的销售和分发效率。例如，通过与电商平台合作，零售企业可以扩大产品的覆盖范围，服务更多的消费者。

5. 促销策略

促销策略是零售企业常用的策略之一，可以通过促销活动来吸引消费者。企业可以根据不同的市场需求和消费者心理，采取不同的促销方式，如满减、赠品等。促销策略可以增加销量，提升企业知名度和品牌形象。

（二）服务业

服务业是典型的知识密集型产业，如金融、餐饮、旅游等。在这个行业中，企业的营销策略主要包括品牌策略、客户体验、口碑营销和差异化服务等。品牌策略是服务行业营销中的重要一环，能够增强企业的竞争力和知名度。通过建立独特的品牌形象和价值观，企业可以树立自身在市场中的地位。客户体验是服务行业营销策略中的核心策略之一，通过提供优质的服务和个性化的需求满足来吸引和留住客户。例如，在餐饮服务中，服务员的态度和服务质量对客户体验起着关键作用。

1. 口碑营销

口碑营销是服务行业营销策略中重要的一环，通过客户的反馈和评价，可以增加消费者对企业的信任和好感。企业可以通过提供良好的服务质量和关心客户的需求，从而提高口碑。

2. 差异化服务

差异化服务是服务行业营销策略中的常见策略之一，通过提供与竞争对手不同的服务，企业可以形成竞争优势。例如，在旅游行业中，一些企业通过提供特色的旅游线路和专业的导游服务来吸引客户。

（三）制造业

制造业是实物产品行业中的典型代表，包括汽车、电子、纺织等行业。在这个行业中，企业的营销策略主要包括产品创新、品质管理、供应链管理和国际化拓展等方面。

1. 产品创新

产品创新是制造业企业营销策略中的重要策略之一，通过不断推出新产品，满足市场需求，并提高产品的竞争力。

2. 品质管理

品质管理是制造业营销策略中不可或缺的一环，通过提供优质的产品和服务，企业可以树立良好的品牌形象，并吸引更多的消费者。

3. 供应链管理

供应链管理是制造业营销策略中的关键策略之一，通过有效管理供应链上下游关系，企业可以提高生产效率和产品质量。

4. 国际化拓展

国际化拓展是制造业营销策略中的重要策略之一，通过进军海外市场，企业可以扩大销售范围，并降低对国内市场的依赖。然而，企业在拓展国际市场时需要考虑到当地的文化和市场特点，制定相应的营销策略。

总结起来，企业营销策略在不同行业中的应用和效果各有不同，但都对企业的发展起到了重要作用。零售行业需要注重市场定位和产品策略，服务行业需要关注客户体验和口碑营销，制造业则需重视产品创新和品质管理。企业应根据自身的行业特点和市场需求，制定相应的营销策略，以提高企业竞争力和市场份额。

二、营销职能在企业中地位的变迁

随着社会变迁，科技进步，营销职能的改变追根究底是营销形式的转变。

在古代，市场营销的方式主要是用吆喝、表演来吸引逛街的人停留下来了解产品。后来有了笔、纸和印刷术，广告变成了散发或者张贴纸张让顾客了解产品。随着工业时代的到来，出现了电、无线电波、电视机，广告变成了声音、动画，可以比以往的纸张传递更多的产品信息。到了20世纪90年代，视听媒体迅速普及，许多老牌企业抓住这一时机，通过具有权威性的电视机、收音机、报纸以及其他平面媒体大范围投放广告进行品牌宣传。在资讯传递比较难的情况下，我们当然认为这些经常看到的品牌就是最好的，尤其是上过电视的，更令人深信不疑。到了互联网普及的今天，资讯传递高度发达，消费者可以在网络上寻找任何适合自己的产品，由此出现了网络营销。网络营销借助互联网，让消费者了解、并通过一系列的资料证明这个产品满足他的需求，最终实现购买。

随着中国企业营销观念的逐步成熟，越来越多的企业意识到营销的必要性，市场营销工作对调整企业经营观念、经营战略、营销技术等方面将产生深远的影响。

现代企业市场营销的主要职能：

（1）市场调研及开拓。收集和了解各类市场信息和有关情报，并在此基础上进行归纳分析，其中包括国内外市场的需求状况，国内市场政策环境，用户的满意度，国内外竞争对手情况，宏观经济发展趋势等。

（2）市场营销策划。在市场调查和研究的基础上，根据本企业的自身优劣势，在充分分析研究区域市场竞争战略态势的基础上，针对情报收集、营销渠道、产品改进与定价、促销和售后服务等几个方面，向决策者提出可实施的营销方案或建议，以提高企业的营销力度，并跟踪整个方案实施的过程并评价其效果。

（3）市场营销网络管理。一是市场开发网络，搞好客户管理及促销活动管理，做到基础资料齐全，业务情况熟悉，建立客户资料档案，对客户进行资信评价与跟踪；二是产品销售网络；三是销售服务网络。

（4）制定销售政策。在构建营销体制的同时，建立有效的激励约束机制，充分调动销售人员的工作积极性，是建立营销实施方案的重要组成部分：一是建立营销激励机制，制定切实可行的对销售人员的激励与考核办法，政策向驻外销售人员和主要业务部门倾斜，要有量化考核标准；二是对销售人员管理与工作业绩（如销售量、货款回收额、市场开拓情况等）有机结合起来；三是建立对销售人员考核监督机制，按照严格考核、奖惩兑现的原则，建立考核监督机制，制定相关考核办法。

三、当代营销面临的新环境

随着互联网、物联网、云计算和大数据、社交电商、共享经济等为代表的网络技术的突飞猛进，互联网正在以颠覆性的形式与力量作用于市场营销，市场进入了"以消费者为中心"和"消费决定产销"的新市场营销时代。企业发展面临着新挑战与新机遇。这就要求企业在进行市场营销时，必须充分认识到互联网带来的环境新变化，并认真研究未来发展的新趋势，使市场营销模式更具针对性、科学性、绩效性，才能发掘企业市场营销的新路径，创造企业市场营销的新渠道。

当代营销面临的新环境

（一）互联网背景下，企业市场营销宏观环境的新变化

1. 营销全球化

互联网的发展促进了企业营销信息在全球的广泛传播，企业的潜在顾客由原来的局域性延伸到了世界的每个角落，使得全球居民成为各国企业的营销对象。

2. 降低成本

在互联网营销下，由于媒体传播速度更快，大数据根据客户画像的精准营销提高了营销效率，减少了传统市场营销的中间商、广告投入、库存成本、管理费用、运营成本。与传统营销相比，互联网营销成本下降。

3. 选择更广

互联网技术使得消费者在更加宽广的全球市场范围内，通过对产品价格、品牌、信誉、适用性等综合比较，选择中意的产品与服务。互联网营销带来的企业销售者和终端消费者之间的"一对一"沟通，有利于企业能够有针对性地挖掘出消费者的个性化需要，更好地为特定消费者提供特定的产品和服务。

4. 信息沟通高效

网络的快捷性与开放性，使产销之间的联系更加迅速、高效、完整。生产商在第一时间就搜集到消费者对产品的认知情况，并及时改善和调整现有的产品，对服务不断做出优化。根据大众对企业产品特性、偏好等全方位的客观评价，从而为消费者提供公正的认知与决策信息。

5. 发展新动能

互联网营销以工业互联网、物联网、5G、人工智能、云计算和大数据等的广泛运用，为企业开辟了新的营销渠道，出现了以现代信息技术为核心的新经济形态"微营销"。网络营销已成为推动我国经济增长的新动能。

（二）互联网背景下，企业市场营销微观环境的新变化

1. 企业市场营销模式出现新变化

一是不断创造新的顾客需求以达到留住老顾客与吸纳新顾客的营销目标；加强品牌建设、注重口碑传播、重视形象塑造，想方设法促进企业可持续发展；善用媒体进行营销，价格策略更加灵活，营销渠道更加多元，营销手段更加丰富。

二是将传统市场营销的市场调研、选择目标市场、媒体宣传广告的流程，改为搜集浏览消费者互联网数据、提取消费者需求信息、向消费者推荐个性化与排他性独特商品、为消费者提供 24 小时电子商务购物平台、针对购物量与购物诉求进一步查找问题及分析原因、改进不足、创新措施、促进产品与服务更加适销对路、不断吸引和巩固客户。

三是营销信息的获得更加依赖于云计算与大数据的分析手段。企业市场营销不再局限于某个领域，而是迈向多个领域的跨界综合营销。与此同时，还实现了多个领域与不同营销技术相结合的融合性营销。将市场营销由传统营销方式快速转向网络平台，并与相关组织联手展开营销活动，共享营销资源，促进销售快速增长。

2. 消费行为出现新变化

一是消费者的消费时间呈现出了不确定性。消费者的消费时间已不是以往节假日去门店购物，而是只要需要就可以在任何时间任何地点上网购买。

二是消费者的消费主动性在不断增强。消费者的消费行为已不局限于受广告与促销等外在刺激进行购买，而是产生需求后，马上就在手机上搜索相关产品的信息。

三是消费者的购买域实现了全球性。只要消费者持有移动设备，便可以在全球范围购买自己喜欢的商品。

四是消费者的消费信息出现了网络化。在移动互联网时代，消费者获得购物与服务信息的首要渠道是通过互联网进行搜索，这就要求企业销售产品或提供的服务信息发布平台必须抓取到高度匹配的目标客户群。

五是消费者群体个性化、独特性、定制化需求成为移动互联网消费的主流发展趋势。

3. 交易方式出现新变化

电商平台购物，顾客通过网上支付将货款首先送达支付平台，经顾客验货满意，确认收货以后由支付平台最终送达商家的账户。如果不满意可申请退换货。与传统营销方式相比，这种方法对生产者、消费者更具可靠性、便捷性与安全性。

4. 供应链系统出现新变化

传统市场营销通过很多层级的分销渠道，才能将产品送到达消费者手中。这使得同一厂家生产的同款商品在不同地区的价格不同，给不法商人在不同地区进行串货交易提供了可乘之机。而电子商务通过便捷的物流服务送往各地消费者，缩短了生产者、销售者、消费者三者之间的距离，使传统的层级式分销渠道与产品渠道区域限制消失，出现了以互联网平台为基础的产销一体化供应链系统，进一步提高了交易效率。

5. 购买行为出现新变化

在传统市场营销下，消费者对产品了解的主渠道是广告宣传与亲友的推介，或者消费者通过少数几家商品比较后确定是否购买，商品一经卖出概不退货。而在电子商务中，消费者可以对更多不同品牌的产品进行外观与试用对比、评价。商家在与用户的信息交互中，也可以更加快捷地对商品进行改进。这就减少了消费者在做出购买行为前花费的时间、精力，减少了盲目购买的风险，降低了损失，大大缩短了生产、销售、消费的周期。

6. 消费者售后评价出现新趋势

在传统市场营销下，消费者如果买到假冒伪劣产品或遭受不当服务，需提供证据信息去工商部门投诉，效率低下，消费者体验极差。消费者对厂家与中间商的售后保障的影响力微小。但在互联网营销下，信息的快捷化、透明化、开放化使每一个消费者都可以在网上发表对某一产品或服务的评价。消费者的评价特别是负面评价，对厂家、中间商乃至其他消费者的影响越来越大。

实训一　组建市场营销团队

一、情景说明

企业要想取得生存发展机会，必须建立适应性强的营销组织机构，才能适应市场营销环境和市场的新变化。本课程教学采用团队运作的方式，第一个实训项目要求学生组建营销团队，成立公司，加强团队建设，通过团队成员协作共同完成后续章节课程的营销实训任务，以提高学生的团队意识和合作能力。

在此环节组建营销策划团队，根据高效团队、个人需求、素质特征和特长等标准进行岗位分工，并在后续任务中担任相应的角色，行使角色职责，有组织、高效率高质量的将营销策划实训任务推进完成。

二、组建过程

营销团队的组建过程见表1-1。

表1-1　营销团队的组建过程

序号	组建步骤	时间（分钟）
1	公选队长	5
2	角色分工	5
3	团队设计	10
4	团队呈现	10
5	老师点评总结	5
5	系统角色培训	10
6	角色上岗	15
	时间合计	60

三、高绩效团队的建设方法

恰到好处的团队合作和职责分工，是团队产生高绩效的保证，也是获得成功的基础。通常高绩效团队组建必须遵循如下几个特征、步骤及方法：

(1)设计共同目标；

(2)团队设计；

(3)合理结构；

(4)明确阶段目标；

(5)共同奋斗。

完成团队建设后请根据讨论结果完成表1-2和表1-3。

表1-2 团队的职责与分工

团队成员	岗位名称	岗位职责

表1-3 公司设计

公司名称	
成立时间	
企业理念	
主营市场	
主营产品名称	
产品属性	

习 题

一、单选题

1. 下面哪个选项不属于市场三要素（　　）。
   A. 人口　　　　B. 购买力　　　　C. 购买欲望　　　　D. 竞争力
2. 马斯洛需求层次中属于最低层次的是（　　）。
   A. 自我实现　　B. 尊重需求　　　C. 安全需求　　　　D. 生理需求
3. 市场营销的基础活动是（　　）。
   A. 交换　　　　B. 竞争　　　　　C. 合并　　　　　　D. 合作

二、多选题

1. 市场的基本特征是（　　）。
   A. 统一　　　　B. 开放　　　　　C. 竞争　　　　　　D. 有序
2. 人的需要可有以下哪些方式来满足（　　）。
   A. 自行生产　　B. 强制取得　　　C. 乞讨　　　　　　D. 交换
3. 4p 理论包括（　　）。
   A. 产品　　　　B. 价格　　　　　C. 渠道
   D. 促销　　　　E. 客户

三、判断题

1. 需要和需求是一个意思。（　　）
2. 安全需要是指对避免危险、威胁和剥夺的需要。（　　）
3. 促销策略是零售企业的核心策略。（　　）

四、名词解释

市场营销：_____

效　　用：_____

需　　求：_____

价　　值：_____

项目二 PART TWO
营销环境分析

知识目标

1. 了解营销环境的含义、特点。
2. 理解市场营销微观环境分析。
3. 了解 SWOT 分析法。
4. 掌握市场调研基础知识。

能力目标

1. 具备宏观环境分析的能力。
2. 具备做 SWOT 分析的能力。
3. 具备做调研问卷的能力。

素质目标

1. 培养学生勤于观察和思考的能力。
2. 培养学生乐于学习和探究的态度。
3. 培养学生团队合作和营销创新的意识。

案例导入

海尔洗衣机[①]

创立于1984年的海尔集团,经过多年的持续发展,现已成为享誉海内外的大型国际化企业集团。1984年海尔只生产单一的电冰箱,而目前它拥有白色家电、黑色家电、米色家电在内的96大门类15100多个规格的产品群。海尔的产品出口到世界160多个国家和地区。2003年,海尔全球营业额实现806亿元。2003年,海尔蝉联中国最有价值品牌第一名。2004年1月31日,世界五大品牌价值评估机构之一的世界品牌实验室编制的《世界最具影响力的100个品牌》报告揭晓,海尔排在第95位,是唯一入选的中国企业。2003年12月,全球著名战略调查公司 Euromonitor 公布了2002年全球白色家电制造商排序,海尔以3.79%的市场分额

---
① https://www.sohu.com/a/70760820_394131,2023-11-22.

跃升至全球第二大白色家电品牌。2004年8月号《财富》中文版评出最新"中国最受赞赏的公司"，海尔集团紧随IBM中国有限公司之后，排名第二位。

冰箱、空调、洗衣机等产品属于白色家电。作为在白色家电领域最具核心竞争力的企业之一，海尔有许多令人感慨和感动的营销故事。

1996年，四川成都的一位农民投诉海尔洗衣机排水管老是被堵，服务人员上门维修时发现，这位农民用洗衣机洗地瓜（南方又称红薯），泥土大，当然容易堵塞。服务人员并不推卸自己的责任，而是帮顾客加粗了排水管。顾客感激之余，埋怨自己给海尔人添了麻烦，还说如果能有洗红薯的洗衣机，就不用烦劳海尔人了。农民兄弟的一句话，被海尔人记在了心上。海尔营销人员调查四川农民使用洗衣机的状况时发现，在盛产红薯的成都平原，每当红薯大丰收的时节，许多农民除了卖掉一部分新鲜红薯外，还要将大量的红薯洗净后加工成薯条。但红薯上沾带的泥土洗起来费时费力，于是农民就动用了洗衣机。更深一步的调查发现，在四川农村有不少洗衣机用过一段时间后，电机转速减弱、电机壳体发烫。向农民一打听，才知道他们冬天用洗衣机洗红薯，夏天用它来洗衣服。这令张瑞敏萌生了一个大胆的想法：发明一种洗红薯的洗衣机。1997年海尔为该洗衣机立项，成立以工程师李崇正为组长的4人课题组。1998年4月该洗衣机批量投入生产，洗衣机型号为XPB40-DS，不仅具有一般双桶洗衣机的全部功能，还可以洗地瓜、水果甚至蛤蜊，价格仅为848元。首次生产了1万台投放市场，立刻被一抢而空。

一般来讲，每年的6至8月是洗衣机销售的淡季。每到这段时间，很多厂家就把促销员从商场里撤了回去。张瑞敏纳闷：难道天气越热，出汗越多，老百姓反倒越不洗衣裳？调查发现，不是老百姓不洗衣裳，而是夏天5公斤的洗衣机不实用，既浪费水又浪费电。于是，海尔的科研人员很快设计出一种洗衣量只有1.5公斤的洗衣机——"小小神童"。"小小神童"投产后先在上海试销，因为张瑞敏认为上海人消费水平高又爱挑剔。结果，上海人马上认可了这种世界上最小的洗衣机。该产品在上海热销之后，很快便风靡全国。在不到两年的时间里，海尔的"小小神童"在全国卖了100多万台，并出口到日本和韩国。张瑞敏告诫员工说："只有淡季的思想，没有淡季的市场。"

在2019年举办的第一届合肥"龙虾节"上，海尔推出的一款"洗虾机"引发了难得一见的抢购热潮，上百台"洗虾机"不到一天就被当地消费者抢购一空，更有许多龙虾店经营者纷纷交定金预约购买。这款海尔"洗虾机"因其巨大的市场潜力被安徽卫视授予"市场前景奖"。5月的安徽，是当地特产龙虾上市的季节，龙虾是许多消费者喜爱的美味。每到这个季节，各龙虾店生意异常火爆，仅合肥大小龙虾店就有上千家，每天要消费龙虾两三万公斤。但龙虾好吃清洗难的问题一直困扰着当地龙虾店的经营者。因为龙虾生长在泥湾里，捕捞时浑身是泥，清洗异常麻烦，一般的龙虾店一天要用2~3人专门手工刷洗龙虾，但常常一天洗的虾，不及几个小时卖的多，并且人工洗刷费时又费力，还增加了人工成本。针对这一潜在的市场需求，海尔洗衣机事业部利用自己拥有的"大地瓜洗衣机"技术，迅速推出了一款采用全塑一体桶、宽电压设计的可以洗龙虾的"洗虾机"，不但省时、省力、洗涤效果好，而且价格定位也较合理，极大地满足了当地消费者的需求。过去洗2公斤龙虾一个人需要10~15分钟，现在用"洗虾机"只需3分钟就可以搞定。

洗衣机市场已进入更新换代、需求快速增长期。始终靠技术创新领先市场的海尔，通过多年以来的技术储备和市场优势的积累，在洗衣机市场上占得先机。"世界第四种洗衣机"——

海尔"双动力"洗衣机是海尔根据用户需求，为解决用户对波轮式、滚筒式、搅拌式洗衣机的抱怨而创新推出的一款全新的洗衣机，由于集合了洗得净、磨损低、不绕、15分钟洗好大件衣物、"省水省时各一半"等优点于一身，迎合了人们新的洗衣需求，产品上市一个月就创造了国内高端洗衣机销量、零售额第一名的骄人业绩，成为国内市场上升最快的洗衣机新品。在第95届法国列宾国际发明展览会上，一举夺得了世界家电行业唯一的一个发明金奖。

8月27日晚间，海尔智家发布了2024半年财报。财报显示，2024年上半年，海尔洗衣机市场份额持续稳居行业第一。在国内市场，海尔洗衣机整体份额46.5%，首位度2.2，万元以上的高端份额增长至83%；在海外市场，海尔洗衣机在澳大利亚、新西兰、越南等10个国家实现了份额第一；在全球市场，海尔洗衣机已经连续15年稳居全球第一。

讨论

1. 你认为海尔洗衣机成功的原因有哪些？
2. 试简述海尔集团是如何进行营销环境分析的？

任务一　营销环境概述

一、含义

营销环境是与指企业营销活动有潜在关系的内部和外部因素的集合。营销环境分为内部环境和外部环境。市场营销环境是存在于企业营销系统外部的不可控制的因素和力量，这些因素和力量是影响企业营销活动及目标实现的外部条件。一个公司的营销环境由在营销之外的影响营销管理能力的所有因素构成，而营销管理能力是指成功地发展和维持同目标用户关系的能力。营销环境既提供机遇又带来风险。

营销环境含义、特点及企业与环境关系

二、特点

（一）客观性

环境作为企业外在的不以营销者意志为转移的因素，对企业营销活动的影响具有强制性和不可控性的特点。企业总是在特定的社会经济和其他外界环境条件下生存、发展的。

（二）差异性

市场营销环境的差异性不仅表现在不同的企业受不同环境的影响，在同样一种环境因素的变化对不同企业的影响也不相同。正因营销环境的差异，企业为适应不同的环境及其变化，必须采用更有特点和针对性的营销策略。

（三）相关性

市场营销环境是一个系统，在这个系统中，各个影响因素是相互依存、相互作用和相互制约的。

（四）动态性

市场营销环境是一个动态系统。营销环境是企业营销活动的基础和条件，这并不意味着营销环境是一成不变的、静止的。营销活动必须适应环境的变化，不断地调整和修正自己的营销策略，否则，将会使企业丧失市场机会。

（五）不可抗拒性

影响市场营销环境的因素是多方面的，也是复杂的，表现出不可抗拒性。

（六）可影响性

企业可以通过对内部环境要素的调整与控制，来对外部环境施加一定的影响，最终促使某些环境要素向预期的方向转化。"适者生存"既是自然界演化的法则，也是企业营销活动的法则。企业应从积极主动的角度出发，主观能动地去适应营销环境，运用自己的经营资源去影响和改变营销环境，为企业创造一个更有利的活动空间，然后再使营销活动与营销环境取得有效的适应。

三、企业与市场营销环境的关系

企业与市场营销环境的关系是相互依存和相互影响的。企业的生存和发展受到市场营销环境的制约和影响，而市场营销环境也随着企业的发展而发生变化。

市场营销环境是指企业所处的市场环境和竞争环境。它涵盖了各种宏观环境和微观环境因素，包括经济环境、政治环境、社会文化环境、技术环境、竞争环境等。这些环境因素会对企业的战略决策、产品设计、市场定位和市场推广等方面产生影响。

首先，市场营销环境的经济环境因素对企业的发展和运营有着重要影响。经济环境的繁荣、通货膨胀和经济增长率等指标会直接影响企业的销售额、成本、利润等经营指标。企业需要根据经济环境的变化来调整市场策略和产品定价等决策。

其次，市场营销环境的政治环境和法律环境对企业的经营活动也有重要影响。政府的政策、法律法规的变化以及行业准入的限制等因素会对企业的市场准入、营销渠道、产品标准及合规性等方面造成影响，企业需要根据政治环境和法律环境的要求来进行管理和运营。

再次，社会文化环境是企业发展不可忽视的因素之一。人们对于产品和品牌的认知、购买行为、消费习惯等都会受到社会文化环境的影响。企业需要了解和适应目标市场的文化差异，以满足消费者的需求和期望。

最后，技术环境和竞争环境同样对企业的市场营销策略和运营产生重要影响。技术的进步和创新会引发市场的变革，企业需要不断跟进技术发展并将其应用到产品和服务中。竞争环境的激烈程度和竞争对手的策略也会对企业的市场份额和竞争优势产生影响，企业需要通过精准定位、差异化竞争等手段来应对竞争压力。

任务二　微观环境分析

市场营销微观环境分析是指分析那些与企业紧密相连、直接影响企业营销能力和效率的各种力量和因素。

微观环境主要包括企业内部环境、供应商、营销中介、顾客、竞争者和公众。其中，企业内部环境是企业营销活动的核心，包括企业的营销机构、营销人员、财务部门、研发部门、人力资源部门、原材料供应部门、生产部门等，这些部门之间的合理分工、密切配合和相互协作是营销活动成功的关键。

此外，供应商、营销中介、顾客和竞争者都是直接影响企业营销活动的重要外部因素。例如，供应商提供的原材料质量、数量和价格直接影响产品的成本和竞争力，营销中介协助企业促销和销售产品，顾客的需求和满意度是营销活动的出发点和归宿，竞争者的存在促使企业不断创新和提高自身竞争力。

总体来说，市场营销微观环境分析有助于企业更好地理解其运营环境，制定更有效的营销策略。

一、企业

企业开展营销活动要充分考虑企业内部的环境因素。

企业是组织生产和经营的经济单位，是一个系统组织。企业内部一般设立计划、技术、采购、生产、营销、质检、财务、后勤等部门。企业内部各职能部门的工作及其相互之间的协调关系，直接影响企业的整个营销活动。

销售部门与企业其他部门之间既有多方面的合作，也经常与生产、技术、财务等部门发生矛盾。由于各部门各自的工作重点不同，有些矛盾往往难以协调。如生产部门关注的是长期生产的定型产品，要求品种规格少、批量大、标准订单、较稳定的质量管理，而营销部门注重的是能适应市场变化、满足目标消费者需求的"短、平、快"产品，则要求多品种规格、少批量、个性化订单、特殊的质量管理。所以，企业在制订营销计划，开展营销活动时，必须协调和处理好各部门之间的矛盾和关系。

二、营销中介

营销中介是指为企业营销活动提供各种服务的企业或部门的总称。

营销中介对企业营销产生直接的、重大的影响，只有通过有关营销中介所提供的服务，企业才能把产品顺利地送达到目标消费者手中。营销中介的主要功能是帮助企业推广和分销产品。

营销中介分析的主要对象：

（1）中间商。中间商指把产品从生产商流向消费者的中间环节或渠道，它主要包括批发商和零售商两大类。中间商对企业营销具有极其重要的影响，它能帮助企业寻找目标顾客，为产品打开销路，为顾客创造地点效用、时间效用和持有效用。一般企业都需要与中间商合作，来完成企业营销目标。为此，企业需要选择适合自己营销的合格中间商，必须与中间商建立良好的合作关系，必须了解和分析其经营活动，并采取一些激励性措施来推动其业务活动的开展。

（2）营销服务机构。营销服务机构指企业营销中提供专业服务的机构，包括广告公司、广告媒介经营公司、市场调研公司、营销咨询公司、财务公司等。这些机构对企业的营销活动会产生直接的影响，它们主要任务是协助企业确立市场定位，进行市场推广。一些大企业或公司往往有自己的广告和市场调研部门，但大多数企业则以合同方式委托这些专业公司来办理有关事务。为此，企业需要关注、分析这些服务机构，选择最能为本企业提供有效服务的机构。

（3）物资分销机构。物资分销机构指帮助企业进行保管、储存、运输的物流机构，包括仓储公司、运输公司等。物资分销机构主要任务是协助企业将产品实体运往销售目的地，完成产品空间位置的移动。产品到达目的地之后，在待售时间内还要协助保管和储存。这些物流机构是否安全、便利、经济直接影响企业营销效果。因此，在企业营销活动中，必须了解和研究物资分销机构及其业务变化动态。

（4）金融机构。金融机构指企业营销活动中进行资金融通的机构，包括银行、信托公司、保险公司等。金融机构的主要功能是为企业营销活动提供融资及保险服务。在现代化社会中，任何企业都要通过金融机构开展经营业务往来。金融机构业务活动的变化还会影响企业的营销活动。例如，银行贷款利率上升会使企业成本增加，信贷资金来源受到限制会使企业经营陷入困境。

三、供应商

供应商是指对企业进行生产所需而提供特定的原材料、辅助材料、设备、能源、劳务、资金等资源的供货单位。这些资源的变化直接影响企业产品的产量、质量以及利润，从而影响企业营销计划和营销目标的完成。

供应商对企业营销的影响作用：

（1）供应的及时性和稳定性。原材料、零部件、能源及机器设备等货源的保证供应，是企业营销活动顺利进行的前提。如棉纺厂不仅需要棉花等原料来进行加工，还需要设备、能源作为生产手段与要素，任何一个环节在供应上出现了问题，都会导致企业的生产活动无法正常开展。为此，企业为了在时间和连续性上得到货源的供应保证，就必须和供应商保持良好的关系，必须及时了解和掌握供应商的情况，分析其状况和变化。

（2）供应的货物价格变化。供应的货物价格变动会直接影响企业产品的成本。如果供应商提高原材料价格，必然会带来企业的产品成本上升。生产企业提高产品价格，则会影响市场销路；如果保持价格不变，则会减少企业的利润。为此，企业必须密切关注和分析供应商的货物价格变动趋势。

（3）供货的质量保证。供应商能否供应质量有保证的生产资料直接影响企业产品的质量，进一步会影响销售量、利润及企业信誉。例如，劣质葡萄难以生产优质葡萄酒，劣质建筑材料难以保证建筑物的百年大计。为此，企业必须了解供应商的产品，分析其产品的质量标准，从而来保证自己产品的质量，赢得消费者，赢得市场。

四、顾客

顾客是指使用进入消费领域的最终产品或劳务的消费者和生产者，也是企业营销活动的最终目标市场。顾客对企业营销的影响程度远远超过前述的环境因素。顾客是市场的主体，任何企业的产品和服务，只有得到了顾客的认可，才能赢得这个市场，现代营销强调把满足顾客需要作为企业营销管理的核心。

顾客分析的市场类型：

（1）消费者市场，指为满足个人或家庭消费需求购买产品或服务的个人和家庭。

（2）生产者市场，指为生产其他产品或服务，以赚取利润而购买产品或服务的组织。

（3）中间商市场，指购买产品或服务以转售，从中赢利的组织。

（4）政府市场，指购买产品或服务，以提供公共服务或把这些产品及服务转让给其他需要的人的政府机构。

（5）国际市场，指国外购买产品或服务的个人及组织，包括外国消费者、生产商、中间商及政府。

上述五类市场的顾客需求各不相同，要求企业以不同的方式提供产品或服务，它们的需求、欲望和偏好直接影响企业营销目标的实现。为此，企业要注重对顾客进行研究，分析顾客的需求规模、需求结构、需求心理以及购买特点，这是企业营销活动的起点和前提。

五、竞争者

竞争是商品经济的必然现象。在商品经济条件下，任何企业在目标市场进行营销活动时，不可避免地会遇到竞争对手的挑战。即使在某个市场上只有一个企业在提供产品或服务，没有"显在"的对手，也很难断定在这个市场上没有潜在的竞争企业。

企业竞争对手的状况将直接影响企业营销活动。如竞争对手的营销策略及营销活动的变化就会直接影响企业营销，最为明显的是竞争对手的产品价格、广告宣传、促销手段的变化，以及产品的开发、销售服务的加强，这些都将直接对企业造成威胁。为此，企业在制定营销策略前必须先弄清竞争对手特别是同行业竞争对手的生产经营状况，做到知己知彼，有效地开展营销活动。

竞争者分析的内容：

一般来说，企业在营销活动中需要对竞争对手了解、分析的情况有：

（1）竞争企业的数量有多少；

（2）竞争企业的规模大小、能力强弱；

（3）竞争企业的对竞争产品的依赖程度；
（4）竞争企业所采取的营销策略及其对其他企业策略的反应程度；
（5）竞争企业能够获取优势的特殊材料来源及供应渠道。

六、社会公众

社会公众是企业营销活动中与企业营销活动发生关系的各种群体的总称。公众对企业的态度，会对其营销活动产生巨大的影响，它既可以有助于企业树立良好的形象，也可能妨碍企业的形象。所以企业必须处理好与主要公众的关系，争取公众的支持和偏爱，为自己营造和谐、宽松的社会环境。

社会公众分析的对象：

（1）金融公众，主要包括银行、投资公司、证券公司及其股东等，他们对企业的融资能力有重要的影响。

（2）媒介公众，主要包括报纸、杂志、电台、电视台等传播媒介，他们掌握传媒工具，有着广泛的社会联系，能直接影响社会舆论对企业的认识和评价。

（3）政府公众，主要指与企业营销活动有关的各级政府机构部门，他们所制定的方针、政策、对企业营销活动或是限制，或是机遇。

（4）社团公众，主要指与企业营销活动有关的非政府机构，如消费者组织、环境保护组织，以及其他群众团体。企业营销活动涉及到社会各方面的利益，来自这些社团公众的意见、建议，往往对企业营销决策有着十分重要的影响。

（5）社区公众，主要指企业所在地附近的居民和社区团体。社区是企业的邻里，企业保持与社区的良好关系，为社区的发展作一定的贡献，会受到社区居民的好评，他们的口碑能帮助企业在社会上树立形象。

（6）内部公众，指企业内部的管理人员及一般员工，企业的营销活动离不开内部公众的支持。应该处理好与广大员工的关系，调动他们开展市场营销活动的积极性和创造性。

任务三　宏观环境分析

市场营销宏观环境分析是指对那些给企业带来市场机会和环境威胁的主要社会力量进行的分析。这些社会力量包括人口环境、经济环境、自然环境、技术环境、政治法律环境和社会文化环境等。

一、人口环境

人口是构成市场的首要因素。因为市场是由那些想购买商品同时又具有购买力的人构成的，因此，人口的多少直接决定市场的潜在容量，人口越多，市场规模就越大。而人口的年龄结构、地理分布、婚姻状况、出生率、死亡率、人口密度、人口流动性及其文化教育程度等人口特性会对市场格局产生深刻影响，并直接影响企业的市场营销活动和企业的经营管理。企业必须重视对人口环境的研究，密切注视人口特性及其发展动向，不失时机地抓住市场机会，当出现人口威胁时，应及时、果断地调整营销策略以适应人口环境的变化。

（一）人口数量分析

众多的人口及人口的进一步增长，给企业带来了市场机会，也带来了威胁。首先，人口数量是决定市场规模和潜力的一个基本要素，通常按人口数量可大致推算出市场规模。其次，人口的迅速增长促进了市场规模的扩大。但是，人口的迅速增长也会给企业营销带来不利的影响。比如，人口增长可能导致人均收入下降，限制经济发展，从而使市场吸引力降低。又如，由于房屋紧张引起房价上涨，从而增加企业产品成本。另外，人口增长还可能对交通运输产生压力。

（二）人口结构分析

人口结构主要包括人口的年龄结构、性别结构、家庭结构、社会结构以及民族结构。随国家放开三孩生育政策的实施，反映到市场上，结婚用品、婴幼儿用品及少年儿童用品的需求将显著增长。目前我国已出现热点问题人口老龄化现象，而且人口老龄化速度将大大高于西方发达国家。反映到市场上，老年群体用品的需求呈高速增长态势，诸如保健用品、营养品、老年人生活必需品等市场近几年非常兴旺。人口的性别不同，其市场需求也有明显差异。据调查，0~62岁年龄组内，男性人口占比略大于女性。其中37~53岁的年龄组内，男性人口占比约大于女性10%。但在73岁以上人口中，女性占比约大于男性20%。反映到市场上，就出现了不同年龄阶段的男性用品市场和女性用品市场。例如，我国市场上妇女通常购买自己的用品、杂货、衣服等，而男性则主要购买大件物品等。

（三）人口地理分布分析

由于自然地理条件以及经济发展程度等多方面因素的影响，人口的分布绝不会是均匀的。从我国来看，人口主要集中在东南沿海一带，约占总人口的94%，而西北地区人口仅占6%左右，而且人口密度逐渐由东南向西北递减。另外，城市的人口比较集中，尤其是大城市人口密度很大，在我国就有上海、北京、重庆等好几个城市的人口超过2 000万人，而农村人口则相对分散。人口的这种地理分布表现在市场上，就是人口的集中程度不同，则市场大小不同；消费习惯不同，则市场需求特性不同。从饮食业上来看，南方人以大米为主食，北方人以面粉为主食，江浙沪沿海一带的人喜食甜，而川湘鄂一带的人则喜辣，这也直接影响了餐饮业不同地区的发展各异。

二、经济环境

经济环境指企业营销活动所面临的外部社会经济条件，其运行状况及发展趋势会直接或间接地对企业营销活动产生影响。它包括收入、消费支出、产业结构、经济增长率、货币供应量、银行利率、政府支出等因素，其中收入因素、消费支出因素对企业营销活动影响较大。

（一）消费者收入分析

收入因素是构成市场的重要因素，甚至是最为重要的因素。因为市场规模的大小，归根结底取决于消费者的购买力大小，而消费者的购买力取决于他们收入的多少。例如我国农村消费者群体的收入的大幅提高，带动了农村消费市场的发展。在我国"家电下乡"及"汽车下乡"的政策引导下，农村市场的家电业和汽车业得到了非常积极的发展。

根据国家统计局2024年上半年统计数据，全国居民人均可支配收入为20 733元，比上年同期名义增长5.4%。随着收入水平的提高，人们的消费需求也得到很大的增长。人们想要提高自己的生活水平和舒适度，购买更多的商品和服务，对美好生活的追求越来越强烈。这一趋势越来越明显，尤其是在二三线城市，白领及中产阶层的消费能力不断提升。

（二）消费者支出分析

随着消费者收入的变化，消费者支出也会发生相应变化，继而使一个国家或地区的消费结构也发生变化。消费支出不仅与消费者收入有关，而且还受到以下两个因素的影响：

（1）家庭生命周期的阶段影响。据调查，没有孩子的年轻人家庭，往往把更多的收入用于购买冰箱、电视机、家具、陈设品等耐用消费品上；而有孩子的家庭，则在孩子的娱乐、教育等方面支出较多，而用于购买家庭消费品的支出相对较少。当孩子长大独立生活后，家庭收支预算又会发生变化，用于保健、旅游、储蓄的部分就会增加。

（2）家庭所在地点的影响。住在农村与住在城市的消费者相比，前者用于交通方面的支出较少，用于住宅方面的支出较多；而后者用于衣食、交通、娱乐方面的支出较多。从居民消费支出结构看，在我国城镇居民消费支出中，娱乐、教育、文化支出占比已达15%，成为仅次于食品消费的第二大支出。消费者在娱乐、文化方面的消费需求的增加降低了移动互联网的推广门槛，带动了移动互联网业在我国的快速发展。

（三）消费者储蓄分析

消费者的储蓄行为直接制约着市场消费量购买的大小。当收入一定时，如果储蓄增多，现实购买量就减少；反之，如果用于储蓄的收入减少，现实购买量就增加。居民储蓄倾向是受到利率、物价等因素变化所致。人们储蓄的目的也是不同的，有的是为了养老，有的是为未来的购买而积累，当然储蓄的最终目的主要也是为了消费。例如，在 2008 年全球性金融危机爆发时，大量工人失业，使得其储蓄增加，消费降低，从而带来了各行各业的萧条。但也有例外，比如网络销售行业就在大多数行业萧条时逆势高涨。

（四）消费者信贷分析

消费者个人收入不可能全部花掉，总有一部分以各种形式储蓄起来，这是一种推迟了的、潜在的购买力。消费者储蓄一般有两种形式：一是银行存款，增加现有银行存款额；二是购买有价证券。当收入一定时，储蓄越多，现实消费量就越小，但潜在消费量越大，反之，储蓄越少，现实消费量就越大，但潜在消费量越小。企业营销人员应当全面了解消费者的储蓄情况，尤其是要了解消费者储蓄目的的差异。储蓄目的不同，往往潜在需求量、消费模式、消费内容、消费发展方向就不同。

三、自然环境

自然环境是指自然界提供给人类各种形式的物质资料，如阳光、空气、水、森林、土地等。随着人类社会进步和科学技术发展，世界各国都加速了工业化进程，这一方面创造了丰富的物质财富，满足了人们日益增长的物质需求；另一方面却引发了资源短缺、环境污染等问题。从 20 世纪 60 年代起，世界各国开始关注经济发展对自然环境的影响，成立了许多环境保护组织，促使国家政府加强环境保护的立法。我国是一个森林资源稀缺型国家，不具有资源的比较优势，但我国出口到发达国家的家具产品却以木制家具尤其是实木家具为主，对木材的消耗巨大。随着生产建设的扩大和人民生活水平的提高，家具木材的消费量也在逐年增加，国产木材在质量和数量上都无法满足日益增长的需要，我国家具用材将出现巨大缺口。

四、科学技术环境

科学技术是社会生产力中最活跃的因素，它影响着人类社会的历史进程和社会生活的方方面面，对企业营销活动的影响更是显而易见。例如，中国在移动通信业的研发实力已跃居全球前列，本土设备商的崛起为中国移动通信市场的发展提供了技术保障。

从 1G 的"大哥大"，2G 实现全球漫游，3G 能够同时传送声音及数据信息，到 4G 让移动互联网成为生活必需。再到如今 5G 依靠高速率、低延时等特征，让网络全面融入人们的日常生活。

截至目前，我国已建成全球规模最大的 5G 网络，5G 移动电话用户达 8.89 亿，在全球

5G 用户数占比超 52%，5G 应用创新案例超过 9.4 万个，5G 应用已融入到 97 个国民经济大类中的 74 个。①

五、政治与法律环境

政治法律环境是影响企业营销的重要宏观环境因素，包括政治环境和法律环境。政治环境引导着企业营销活动的方向，法律环境则为企业规定经营活动的行为准则。政治与法律相互联系，共同对企业的市场营销活动产生影响。

（一）政治环境分析

政治环境是指企业市场营销活动的外部政治形势。一个国家的政局稳定与否，会给企业营销活动带来重大的影响。如果政局稳定，人民安居乐业，就会给企业营销营造良好的环境。反之，就会影响经济发展和市场的稳定。例如，土地政策为房地产业带来的影响。我国依法实行国有土地有偿使用制度，国家编制土地利用总体规划，规定土地用途，并且明确指出对耕地实行特殊保护,因此开发商只能在中华人民共和国城市规划区国有土地范围内进行开发，对开发的土地只拥有使用权，没有所有权，并且需对开发的土地缴纳租金。国家土地政策规定的土地价格的高低直接影响房地产的开发成本。政府实行高地价政策即放开对地价的管制，甚至采取某些措施引导地价上涨；政府实行低地价政策是政府采取抑制地价上涨的手段，从而导致地价水平的下跌或停滞，这些都给房地产业带来波动性的影响。再如，2007 年年末，财政部和商务部联合推出了"家电下乡"项目，其主要内容是"按照农民消费升级的新趋势，组织工商联手，开发、生产适合农村消费特点、性能可靠、质量保证、物美价廉的家电产品，并提供满足农民需求的流通和售后服务"。在四川、河南和山东试点后，取得了良好的效果。2008 年，政府进一步扩大"家电下乡"项目范围，这无疑给各家电企业开拓广大的农村市场创造了良好的条件，很大程度上提高了农村消费者的购买能力和购买欲望。

（二）法律环境分析

法律环境是指国家或地方政府所颁布的各项法规、法令和条例等，它是企业营销活动的准则，企业只有依法进行各种营销活动，才能受到国家法律的有效保护。近年来，为适应经济体制改革和对外开放的需要，我国陆续制定和颁布了一系列法律法规，如《产品质量法》《企业法》《经济合同法》《涉外经济合同法》《商标法》《专利法》《广告法》《食品卫生法》《环境保护法》《反不正当竞争法》《消费者权益保护法》等。

企业的营销管理者必须熟知有关的法律条文，才能保证企业经营的合法性，运用法律武器来保护企业与消费者的合法权益。对从事国际营销活动的企业来说，不仅要遵守本国的法律法规，还要了解和遵守国外的法律制度和有关的国际法规、惯例和准则。例如，欧洲国家规定禁止销售不带安全保护装置的打火机，这无疑限制了中国低价打火机的出口市场。日本政府也曾规定，任何外国公司进入日本市场，必须要找一个日本公司同它合伙，以此来限制

---

① http://science.china.com.cn/2024-06/06/content_42820494.htm，2024-07-06.

外国资本的进入，只有掌握了这些国家的有关贸易政策，才能制定有效的营销对策，在国际营销中争取主动。

六、社会文化环境

社会文化环境是指由社会地位和文化素养的长期熏陶而形成的生产方式、价值观念和行为准则，是一个社会的教育水平、语言、宗教与民族特征、风俗习惯、价值观、人口、社会组织等的总和。

以旅游业为例，教育水平不仅影响人们的旅游水平，而且影响旅游企业的市场调研与促销方式。掌握当地语言有助于与当地消费者的感情沟通，对营销活动十分有利。宗教与民族影响着人们的价值观、行为准则与认识事物的方式，从而影响着人们的消费行为。风俗习惯对消费行为、营销方式影响重大。此外，价值观念、审美观念、人口、家庭规模、生活方式以及社会团体的行为都对旅游企业的营销产生直接和间接的影响。社会文化渗透于所有的旅游营销活动中，而旅游营销活动又处处蕴涵着社会文化。如营销对象的思想文化，表现为消费者的教育水平、价值观念、审美观念等对生活方式、消费习惯、消费需求的影响；又如旅游营销主体的营销话术、营销成果也是社会文化的具体体现，社会文化贯穿旅游营销活动的始终。旅游消费者和营销者的文化水平，往往决定旅游营销的成败。有些国家尽管人口经济收入相近，但旅游市场情况可能有很大差别。这种差别，很大程度反映在社会文化方面。因此，旅游营销必须适应社会文化因素，并随社会文化因素的变化而变化。反映在具体的旅游营销活动中，特别是开展国际旅游营销活动中，旅游企业不能以本国、本地文化为参照系，而要自觉地考虑异国、异地社会文化的特点使旅游营销与社会文化因素之间互相适应。如旅游广告、旅游产品目录的制作必须顾及语言文字、模特形象是否符合异国异地文化。

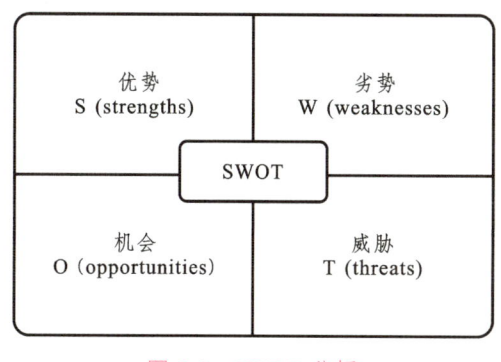

任务四　SWOT 分析法

SWOT 分析法是哈佛大学商学院的企业战略决策教授肯尼斯·安德鲁斯（Kenneth R. Andrews）在 20 世纪 60 年代提出来的，具有清晰、简明、具体的特性，被广泛应用于管理学的各个领域。SWOT 分析法的最大优点就是能抓住最能影响战略的几个核心因素进行分析。

所谓 SWOT 分析（见图 2-1），即基于内外部竞争环境和竞争条件下的态势分析，就是将与研究对象密切相关的各种主要内部优势（Strengths）和劣势（Weaknesses）与外部的机会（Opportunities）和威胁（Threats）等，通过调查列举出来，并依照矩阵形式排列，然后用系统分析的思想，把各种因素相互匹配起来加以分析，从中得出一系列相应的结论，而结论通常带有一定的决策性。

运用这种方法，可以对研究对象所处的情景进行全面、系统、准确的研究，从而根据研究结果制定相应的发展战略、计划以及对策等。

优势：指的是企业或个人所拥有的长处和优点，这些优势可以使企业或个人在市场上比竞争对手更具有竞争力。

劣势：指的是企业或个人所缺乏的技能、资源或能力，这些劣势可能会阻碍企业或个人实现其目标。

机会：指的是外部环境中存在的对企业或个人有利的趋势和条件，这些机会可以转化为优势，帮助企业或个人实现其目标。

威胁：指的是外部环境中存在的对企业或个人不利的趋势和条件，这些威胁可能会对企业或个人的优势构成威胁。

按照企业竞争战略的完整概念，战略应是一个企业"能够做的"（即组织的优势和劣势）和"可能做的"（即环境的机会和威胁）之间的有机组合。

优势 S (strengths)	劣势 W (weaknesses)
机会 O (opportunities)	威胁 T (threats)

图 2-1　SWOT 分析

一、外部环境分析（机会与威胁）

外部因素分析是对企业外部的环境、政策和竞争对手进行分析。外部因素包括机会和威胁两个方面。机会指环境中有利的发展趋势，使公司拥有竞争优势。威胁指环境中不利的发展趋势所形成的挑战，如果不采取果断的战略行为，这种不利趋势将导致公司的竞争地位受到削弱。

SWOT 分析（内外部环境分析）

二、内部环境分析（优势与劣势）

内部因素分析是对企业内部的管理、团队、产品和市场营销情况进行分析。内部因素包括优势和劣势两个方面。由于企业是一个整体，并且竞争优势来源广泛，因此在做优劣势分析时必须从整个价值链的每个环节上，将企业与竞争对手作详细的对比。

三、基于内外部因素的应对策略

在充分了解企业的内外部情况之后，制定出符合企业当前形势的发展策略，如图 2-2 所示。当企业的优势遇到机会时，应当采取发展的策略；当企业的优势遇到威胁时，应当采取拓展的策略；当企业的劣势遇到机会时，应当采取争取的策略；当企业的劣势遇到威胁时，应当采取保守的策略。将企业的优势、劣势、机会、威胁依照矩阵形式排列，然后用系统分析的思想，把各种因素相互匹配并加以分析，从而得出一系列相应的结论，为管理者做出正确的决策提供依据。

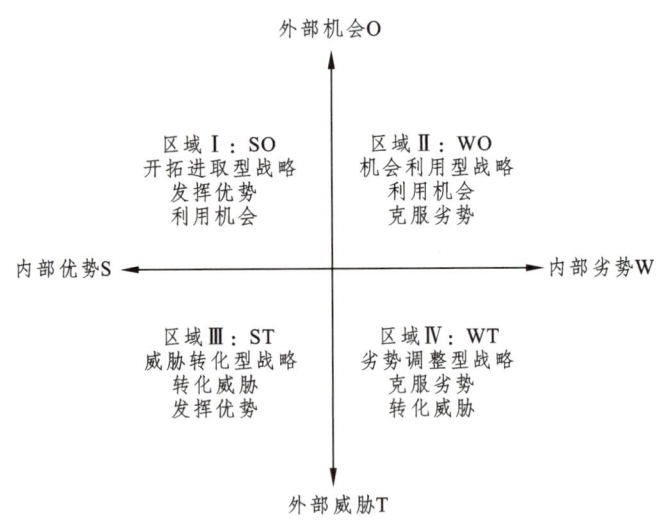

```
                        外部机会O
                            ↑
        区域Ⅰ：SO           │    区域Ⅱ：WO
        开拓进取型战略      │    机会利用型战略
        发挥优势            │    利用机会
        利用机会            │    克服劣势
                            │
  内部优势S ←───────────────┼───────────────→ 内部劣势W
                            │
        区域Ⅲ：ST           │    区域Ⅳ：WT
        威胁转化型战略      │    劣势调整型战略
        转化威胁            │    克服劣势
        发挥优势            │    转化威胁
                            ↓
                        外部威胁T
```

图 2-2　结合 SWOT 分析制定企业发展策略

课堂实训

结合自身的实际情况，给自己简单做一个 SWOT 分析吧。

任务五　市场调研

一、基本概念

市场调研是指企业通过科学的方法和客观的态度，系统地收集、记录、整理和分析市场上的相关信息，以此来了解市场需求、竞争对手、目标用户以及其他相关的因素。这个过程为企业提供了对市场环境深刻的认识，有助于企业在制定决策、开展营销活动和改进产品或服务时做出更准确的判断。市场调研不仅包括对过去的市场情况进行回顾和分析，也包括预测未来的市场趋势，为企业的发展提供指导。

二、作用

（1）了解市场需求。通过市场调研，企业可以了解市场对产品或服务的需求情况，包括消费者的需求特点、需求量以及需求变化趋势。这有助于企业了解市场的潜在机会和威胁，为产品开发和定价提供依据。

（2）评估市场潜力。市场调研可以帮助企业评估市场的潜力，即市场容量和增长空间。通过对市场规模、竞争格局和消费者行为的调查和分析，企业可以确定市场的增长率和未来发展趋势，从而决定是否进入一些市场或调整市场战略。

（3）了解竞争对手。市场调研可以帮助企业了解竞争对手的产品、定价、渠道、市场份额和品牌形象等信息，从而评估竞争对手的竞争优势和劣势，进而制定针对性的竞争策略。此外，市场调研还可以帮助企业了解竞争对手的市场反应和行为，为企业制定应对措施提供依据。

（4）确定目标市场。通过市场调研，企业可以了解不同市场的特点、需求和行为模式，从而确定适合自身产品或服务的目标市场。通过对不同市场进行比较和评估，企业可以选择目标场并制定相应的市场定位和营销策略。

（5）改善产品设计。市场调研可以帮助企业了解消费者对产品特性、功能和质量的需求，从而改进产品设计和研发过程。通过市场调研，企业可以了解消费者的偏好和需求，及时调整产品设计和功能，提高产品的市场竞争力，满足消费者的需求。

（6）评估营销效果。市场调研可以帮助企业评估和监测营销活动的效果和效率。通过对市场活动的调查和分析，企业可以了解市场活动的影响和效果，评估市场活动的投资回报（ROI），并根据反馈结果进行调整和改进，以扩大营销效果。

（7）降低市场风险。市场调研可以降低企业在市场竞争中的风险。通过对市场的了解和分析，企业可以预测市场变化和趋势，从而及时调整市场策略和营销计划，减少市场和商业风险。此外，市场调研还可以帮助企业了解消费者的购买决策过程和动机，提高市场推广的成功率。

三、类型

按调研目的不同，市场调研可为分探索性调研、描述性调研、因果性调研和预测性调研。

（一）探索性市场调研

探索性市场调研是为了界定调查问题的性质以及更好地理解问题而进行的小规模调查活动。在调查初期，调查者通常对问题缺乏足够的了解，或尚未形成一个具体的假设，对某个调查问题的切入点难以确定，这时需要进行探索性市场调查的设计。探索性调研的基本目的是提供一些资料以帮助调研者认识和理解所面对的问题。它常常用于在一种更正式的调研之前帮助调研者将问题定义得更准确、帮助确定相关的行动路线或获取更多的有关资料。

（二）描述性市场调研

描述性市场调研的调查内容着重于市场状况特征，将所需调查的现象具体化。它是要解决"谁""什么""什么时间""什么地点"和"怎么样"的问题，如消费者的收入层、年龄层、购买特性的调查等。假设一家快餐店要开设分店，公司想知道消费者是如何惠顾这家分店的，那么就要描述下列问题：消费者是谁，他们的性别、年龄和居住地点以及他们是如何来这里的，他们对快餐产品和服务的要求是什么，等等。当然，这些描述问题必须根据调查的目的而定。描述性调研假定调研者事先已对问题有许多相关的知识。事实上，探索性与描述性调研的主要区别在于后者事先设计了具体的假设。因此，所需的信息是很清楚地定义了的。典型的描述性调研都是以有代表性的大样本（一般在 600 人以上）为基础的。正式的调研方案的设计规定了选择信息来源的方法，以及从这些来源收集数据的方法。

（三）因果性市场调研

因果性市场调研指一个变量是否引起或决定另一个变量的研究过程，其目的是识别变量之间的因果关系。例如，在某一时期，影响自行车销量的因素有哪些，其中何为主要影响因素，何为次要影响因素。又如，快餐店的销售额受地点、价格、广告等因素的影响，我们就要明确因变量与自变量之间的关系，通过改变其中一个重要的自变量来观察因变量受到影响的程度。

（四）预测性市场调研

预测性市场调研是指对未来可能出现的市场行情的变动趋势进行的调查，属于市场预测的范畴。它是在描述性调查和因果性调查的基础上，对市场的潜在需求进行的估算、预测和推断。因此，预测性调查实质上是市场调研结果在预测的应用。如在快餐店的经营中，通过建立销售与广告的因果关系，得知广告与销售额成正比例关系，据此就可以预测次年可以通过提高多少广告费增加多少销售额。

四、流程

市场调研的流程通常包括以下步骤：

（1）确定调研目标。这是市场调研的起点，定义调研问题，明确调研的目的和方向，设计调查方案。包括确定调研的需求、对象、人群、区域，以及调研的开始时间、周期和资源分配等。

（2）准备和计划。包括资金、人员以及所需资料的准备，制定调研方案，以及调研手册的撰写、调研方法的选定等。

（3）实地调研。在确定好调研计划后，进行实地调查，深入了解调研对象、人群和区域。

（4）数据收集与整理。包括通过实地调研、定性访谈和付费数据等方式获取目标信息，并对收集到的数据进行整理和分析。

（5）分析数据。对收集到的数据进行结构化分析，包括对分析工具、分析框架和分析指标的使用，以及分析宏观环境、市场机会、竞争生态等。

（6）撰写调研报告。撰写报告时，要注意格式要求，包括标题、摘要、目录、背景和引言、方法论、对调查结果的分析、结论和建议、文献综述、附录等部分。

（7）汇报和决策。调研报告完成后，进行汇报，总结调研结果，并提出相关决策和建议。

整个流程中，企业可以根据自身需求选择自行进行市场调研，或者委托专业市场调查公司来完成。此外，市场调研的目的是为了根据结果制定相关方案，使业务或产品更加符合目标人群的需求和认识，以达到更好的预期。

五、调查问卷设计

问卷调查是调查业中所广泛采用的调查方式，即由调查机构根据调查目的设计各类调查问卷，采取抽样的方式（随机抽样或整群抽样）确定调查样本，通过调查员对样本的访问完成事先设计的调查项目，然后由统计分析得出调查结果的一种方式。

（一）问卷基本结构

问卷的格式一般是由问卷的开头部分、甄别部分、主体部分和背景部分四个部分组成。

1. 开头部分

问卷的开头部分主要包括问候语、填表说明、问卷编号等内容。不同的问卷所包含的开头部分会有一定的差别。

（1）问候语。问候语也叫问卷说明，其作用是引起被调查者的兴趣和重视，消除调查对象的顾虑，激发调查对象的参与兴趣，以争取他们的积极合作。一般问候语中的内容包括称呼、问候、访问员介绍、调查目的、调查对象作答的意义和重要性、被调查者所需花的时间、感谢语等。问候语一方面要反映以上内容，另一方面要求尽量简短。

（2）填写说明。在自填式问卷中要有详细的填写说明，让被调查者知道如何填写问卷，如何将问卷返回到调查者手中。

（3）问卷编号。主要用于识别问卷、调查者以及被调查者姓名和地址等，以便于校对、检查、更正错误。

2. 甄别部分

问卷的甄别部分也称问卷的过滤部分，它是先对被调查者进行过滤，筛选掉非目标对象，然后有针对性的对特定的被调查者进行调查。通过甄别，一方面，可以筛选掉与调查事项有直接关系的人，以达到避嫌的目的；另一方面，也可以确定哪些人是合格的调查对象，使调查研究更具有代表性。

3. 主体部分

问卷的主体部分也是问卷的核心部分。它包含了所要调查的全部问题，主要由问题和答案所组成。

（1）问卷设计的过程其实就是将研究内容逐步具体化的过程。根据研究内容先确定好调查的树干，然后再根据需要，每个树干设计分支，每个问题是树叶，最终构成为一棵树。因此在整个问卷树的设计之前，应该有总体上的构想。

（2）主体问卷的分块设置：在一个综合性的问卷中，我们通常将差异较大的问卷分块设置，从而保证每个的问题相对独立，整个问卷的条理也更加清晰，整体感更加突出。

（3）主体问卷设计应简明，内容应根据需要而确定，不宜过多、过繁，避免可有可无的问题。

（4）问卷设计要具有逻辑性和系统性，一方面可以避免询问信息的遗漏，另一方面也会令调查对象感到问题集中、提问有章法。相反，假如问题是发散的、随意性的，问卷就会给人以思维混乱的感觉。

（5）问卷题目设计必须有针对性，明确被调查人群，适合被调查者身份，必须充分考虑受访人群的文化水平、年龄层次等。措辞上也应该进行相应的调整，比如面对文化水平较低的人做的调查，在语言上就必须尽量通俗易懂；而对于文化水平较高的城市白领，在题目和语言的选择上就可以提高一定的层次。只有在这样的细节上综合考虑，调查才能够达到预期的效果。

4. 背景部分

问卷的背景部分通常放在问卷的最后，主要是有关被调查者的一些背景资料，调查单位要对其保密。该部分所包括的各项内容，可作为对调查者进行分类比较的依据，一般包括性别、民族、婚姻状况、收入、教育程度、职业等。例如，教育程度包括小学、初中、高中、职高、中专、大专、本科和本科以上，职业包括政府机构/公共事业单位（医院、学校、警察）、外资/合资企业、学生、离退休等。

（二）问卷的主要功能

（1）能正确反映调查目的，问题具体，重点突出，能使被访者乐意合作，协助达到调查目的。

（2）能正确记录和反映被访者回答的事实，提供正确的信息。

(3) 统一的问卷还便于资料的统计和整理。

问卷的设计是市场调查的重要一环。要得到对你有益的信息，需要提出确切的问题。最好通过提问来确定一个问题的价值——"你将如何使用调查结果？"这样做可使你避免把时间浪费在无用或不恰当的问题上。要设计一份完美的问卷，不能闭门造车，而应事先做一些访问，拟订一个初稿，经过事前实验性调查，再修改成正式问卷。

（三）问卷设计原则

1. 合理性

合理性指的是问卷必须紧密与调查主题相关。违背了这样一点，再漂亮或精美的问卷都是无益的。而所谓问卷体现调查主题，其实质是在问卷设计之初，要找出与"调查主题相关的要素"。

2. 一般性

一般性，即问题的设置是否具有普遍意义。应该说，这是问卷设计的一个基本要求。如果我们仍然能够在问卷中发现带有一定常识性的错误，这不仅不利于调查成果的整理分析，而且会使被调查者轻视调查者的水平。

3. 逻辑性

问卷的设计要有整体感，这种整体感指问题与问题之间要具有逻辑性，独立的问题本身也不能出现逻辑上的谬误。问题设置紧密相关，因而能够获得比较完整的信息。调查对象也会感到问题集中、提问有章法。相反，假如问题是发散的、带有意识流痕迹的，问卷就会给人以随意性而不是严谨性的感觉。那么，将市场调查作为经营决策的一个科学过程的企业就会对调查失去信心。因此，逻辑性的要求是与问卷的条理性、程序性分不开的。已经看到，在一个综合性的问卷中，调查者将差异较大的问卷分块设置，从而保证了每个"分块"的问题都密切相关。

4. 明确性

所谓明确性，事实上是问题设置的规范性。这一原则具体是指：命题是否准确？提问是否清晰明确、便于回答，被调查者是否能够对问题作出明确的回答，等等。

5. 非诱导性

不成功的记者经常会在采访中使用诱导性的问题。这种提问方式如果不是刻意地要得出某种结论而甘愿放弃客观性的原则，就是彻头彻尾的职业素养的缺乏。在问卷调查中，因为有充分的时间作提前准备，这种错误大大地减少了。但这一原则之所以成为必要，是在于高度竞争的市场对调查业的发展提出了更高的要求。

非诱导性指的是问题要设置在中性位置、不掺杂提示或主观臆断，完全将被访调查者的独立性与客观性摆在问卷操作的限制条件的位置上。如果设置了具有诱导和提示性的问题，就会在不自觉中掩盖了事物的真实性。

6. 便于整理、分析

　　成功的问卷设计除了考虑到紧密结合调查主题与方便信息收集外，还要考虑到调查结果的得出难度和调查结果的说服力，这就需要考虑到问卷在调查后的整理与分析工作。首先，调查指标是能够累加且便于累加的；其次，指标的累计与相对数的计算是有意义的；最后，能够通过数据清楚明了地说明所要调查的问题。只有这样，调查工作才能收到预期的效果。

实训二　市场调研规划

一、情景说明

为了更好地为项目一实训一中团队创建的公司规划出一条品牌发展的道路，现以营销团队为单位进行营销调研策划，分析自己公司产品所处市场的优势、劣势、机会和威胁，为其营销决策提供有效支撑。

二、操作过程

市场调研规划的操作过程见表 2-1。

表 2-1　市场调研规划的操作过程

序号	操作步骤	时间（分钟）
1	复习实训一情景	2
2	小组讨论	5
3	课件学习	10
4	老师解析知识难点	10
5	完成 SWOT 分析	15
6	老师点评总结	8
时间合计		50

三、考核要求

1. 熟练掌握市场调研的规划方法和技巧。
2. 具备资料的搜集能力。

实训三　组织实施调查

一、情景说明

市场调研是营销策划的起点，此任务要求学生掌握信息采集的方法与技巧，能够选择网络调研平台进行问卷的发放与回收，具备一定的网络调查与分析能力。

二、操作过程

网络调查的操作过程见表2-2。

表 2-2　市场调研规划的操作过程

序号	操作步骤	时间（分钟）
1	网络资料信息收集	10
2	小组讨论	10
3	问卷问题收集	20
4	注册并登录"问卷星"进行问卷编写	15
5	发放问卷	10
6	老师点评总结	5
	时间合计	70

三、考核要求

1. 熟练掌握各种调查方法和技巧。
2. 能够运用互联网技术开展市场调查。
3. 具备资料的搜集能力。

习 题

一、单选题

1. 市场营销环境分析的"SWOT"模型中，SWOT 分别代表以下哪些要素？（　　）
   A. 优势、劣势、机会、威胁
   B. 市场规模、竞争对手、产品特点、消费者需求
   C. 过去业绩、市场趋势、销售预测、营销策略
   D. 质量、价格、宣传、促销
2. 企业与市场营销的关系是（　　）。
   A. 毫不相干　　B. 相互依存　　C. 影响不大　　D. 负相关关系
3. 宏观环境包括（　　）。
   A. 员工　　　　B. 顾客　　　　C. 竞争者　　　D. 供应商

习题测评

二、多选题

1. 营销环境存在哪些特点？（　　）
   A. 客观性　　　B. 差异性　　　C. 相关性
   D. 动态性　　　E. 可影响性
2. 营销中介分析的主要对象包括（　　）。
   A. 中间商　　　B. 服务机构　　C. 物资分销机构　D. 金融机构
3. 宏观环境包括（　　）。
   A. 人口环境　　B. 自然环境　　C. 企业环境　　　D. 政治环境

三、判断题

1. 市场调研基本都是抽样调研，所以数据不准确，对企业没什么作用。（　　）
2. 市场调研的第一步是确定调研目标。（　　）
3. 为了进行全面的数据收集，调查问卷的题目越多越好。（　　）

四、名词解释

营销环境：＿＿＿＿＿＿＿＿＿＿＿＿＿＿＿＿＿＿＿＿＿＿＿＿＿＿＿＿＿＿＿＿
市场调研：＿＿＿＿＿＿＿＿＿＿＿＿＿＿＿＿＿＿＿＿＿＿＿＿＿＿＿＿＿＿＿＿
竞　争　者：＿＿＿＿＿＿＿＿＿＿＿＿＿＿＿＿＿＿＿＿＿＿＿＿＿＿＿＿＿＿＿＿

项目三 PART THREE
市场购买行为分析

知识目标
1. 掌握影响消费者购买行为的因素。
2. 熟悉消费者购买决策过程。

能力目标
1. 能够分析购买行为模式类型。
2. 能够判断消费者的购买决策过程。

素质目标
对市场需求有独立的分析判断。

案例导入

"卖鞋"[①]

有一个欧洲的跨国制鞋公司,为了开发一个岛国的市场,先后派出了四个考察队。

第一个被派去的是公司里最优秀的推销员组成的队伍。推销员们在岛上转悠了半天,第二天就回来了。他们在调研报告中称岛上的居民没有一个是穿鞋的,因为他们还没有这个习惯,岛上暂时也没有卖鞋的。由于存在这么巨大的市场空缺,公司可以把鞋大批量地运过去,而他们也有信心把鞋推销给这些岛国的居民使用。

第二个被派去考察的是鞋厂的厂长们。厂长们在岛上转了两天,回来之后显得非常高兴,他们声称,岛国是一个很有前景的市场,他们在岛上找到了可以生产鞋的原料,而且原料以及岛上的其他各方面社会资源价格都很低廉。他们建议公司立即到岛国设立分厂,认为只要能够尽快批量生产,肯定可以获取高额的利润。

第三个被派去的是公司的财务部门。他们比较了"国际贸易"和"本地化生产"两种模式的优劣后,认为岛国的原料、土地、劳动力、水、电等资源的价格相对低廉,而公司距离岛国最近的鞋厂都是非常远的,而且岛国的关税较低,综合两种模型所需的各方面成本来说,本地化生产的优势更高。只要新建的鞋厂能够保持每天 1 000 双以上的生产量(这对公司来

---

① 谢文辉. 成功营销:60个经典营销寓言故事[M]. 北京:民主与建设出版社,2004.

说是不难做到的），每双鞋的成本，"本土化生产"可以比"国际贸易"节省4元。按一个月生产3万双计算，一个月就可以节省12万元，半年就可以收回建厂的全部成本。所以，他们建议公司到岛国设厂，就地生产就地销售。

第四个被派去的是公司的营销经理队伍。经理们在岛国上待了5天，拜访了上至岛国酋长，下至各行各业的普通老百姓的50多个岛国人群体。他们了解到，岛国的居民一直都没有穿鞋的习惯，他们看见外来的穿鞋人都非常奇怪——原来他们根本没有意识到"穿鞋"这件事。但是，他们很多人的脚都是有毛病的，他们想过很多办法去避免脚病，都不太奏效，他们非常渴望得到根除脚病的方法。当他们了解到穿鞋可以帮他们的脚避免很多意外的伤害，更利于防止他们的脚病后，都表示非常愿意、非常渴望有一双鞋。经理们还了解到，岛国居民的脚普遍比公司所在的欧洲同年龄段的人的脚长5~8厘米、宽2厘米左右。因此，公司要对卖给他们的鞋重新加以设计。另外，曾经有过一个有一定竞争力的制鞋公司派人来考察过，但当他们发现当地居民都不穿鞋以后，认为没有市场，就放弃了继续努力。但也不能排除他们日后的卷土重来。岛国的居民是没有什么钱的，但是岛上的居民都听从酋长的命令；岛上盛产香蕉，这些香蕉又大又甜又香，在欧洲是极具销售力和竞争力的。经理们跟酋长谈过了，也去岛上的香蕉园看过了，非常高兴，因为酋长已经答应：他将以每20~30千克香蕉对应一双鞋的比例，换取公司专门为岛国生产的鞋，总数量大概为10万双。第一批可以先跟他们要1万双，越快到货越好，并答应给予该鞋公司独家卖鞋权。

经理们经过了解和计算得出，这样的香蕉如果经过适当地包装，可以以30元/千克的价格卖给欧洲的某连锁超市的经营公司，按1万千克算，扣除包装、运输、关税、人员工资等，每千克香蕉的纯利润为23元。1万双鞋，如果从离岛国最近的厂运到岛国，公司的总成本为16万元。那第一批1万双鞋，可以换得的香蕉总数额（按25千克香蕉=1双鞋算）为25万千克，而香蕉的总利润为575万元。扣除鞋的成本，公司可以在第一笔交易中盈利559万元。如果鞋在岛国本地生产，则每双鞋可以节省成本4元，公司则可以得到563万元的总利润。

不过，经理们也算过了，投资设厂的资金需要200万元，而且从建厂到真正出成品交货，需要3个月的时间，满足不了酋长的迫切要求；而公司从最近的鞋厂设计、生产那1万双鞋，再运到岛国出售，只需要一个半月，这个时间酋长是可以容忍的。所以，经理们建议公司一面用"国际贸易"做成第一笔的1万双鞋的交易，打好关系和基础；一面在岛国建厂投入生产，以便为后续更大的市场发展提供支持。

制鞋公司对营销经理们的报告大加赞赏，同时给予了重赏。

启示

这个卖鞋的故事告诉我们一个道理：只有引导与开拓才会有市场。

任务一　消费者市场与购买行为分析

企业开展营销活动都是立足于市场，满足消费者需求，这也是企业营销活动的出发点和最终归属点。要更好地为消费者服务，就必须充分了解和认识消费者的满意度、顾客让渡价值以及消费者的需求、动机、购买行为模式、影响因素、购买决策过程等内容。

没有疲软的市场，只有疲软的产品。产品能否畅销，则要看它是否能适应消费需求，甚至是否能倡导消费需求。

消费者市场与购买行为分析

一、消费者购买行为分析

消费者市场又称最终消费者市场、消费品市场或生活资料市场，是指个人和家庭为了生活需要而购买产品和劳务的市场。所有类型的企业，包括生产制造企业、商业、服务业都必须研究消费者市场，因为只有消费者市场才是产品的最终归宿。从这个意义上来说，消费者市场是一切市场的基础，是最终起决定作用的市场。

（一）消费者市场需求特征

需求是指人们在个体生活和社会生活中感到某种欠缺而力求获得满足的一种心理状态。

消费者需求是指消费者在一定的社会经济条件下，为了自身的生存与发展而对某一产品或服务的渴望与欲望。在现实生活中，人们的消费需求是丰富多彩的。由于消费者各自的生活环境、职业、兴趣爱好、经济收入、社会地位等条件不同，其需求也是多种多样。另外，不同的国家、民族和个人不同的消费习惯、审美标准以及消费方式的不同也反映出不同的消费特点。

消费者需求特征：

1. 消费需求的多样性

不同的消费者在年龄、性别、民族传统、宗教信仰、生活方式、文化水平、经济条件、个性特征以及所处地域的社会环境等方面的主客观条件千差万别，由此形成多种多样的消费需求。

2. 消费需求的差异性

每个消费者都按照自己的需求选择、购买和评价商品，或者经济实用，或者新潮流行，或者美观新颖，都鲜明地显示出不同消费者之间消费需求的差异性。

3. 消费需求的层次性

需求并不是一种主观自生的幻想，需求总是在一定的客观环境下对一定对象的需求。消费者需求的实现，受到货币支付能力和其他客观条件的限制和影响。因此，在一定的社会经济条件下，消费需求必然呈现出一定的层次性。从"马斯洛需求层次论"可以看出，人类的需求存在着一个由低级到高级的阶梯过程：层次越低的需求越重要，当低级需求得到满足以后，就会递进为更高一级的需求。

4. 消费者需求的发展性

消费者需求是一个由低级到高级、简单到复杂的不断发展的过程。这个过程与人类社会的历史进程密切相关，是随着满足需求的消费对象在内容、范围、方式上的改变而变化发展的。在生产力水平低下、物质产品匮乏的情况下，人们更多地关注基本的生理需求的满足；当社会提供的物质产品日益丰富时，人们需求的内容也日益扩展，特别是在现代社会，科学技术的生产力更加发达和先进，物质产品已经极为丰富，新的消费领域，新的消费方式也不断的涌现，人们的消费需求在内容和层次上都不断的改进提升和发展。例如，人们再也不以吃饱为目标追求，而是以吃营养、吃健康为满足；在着装上，不再只追求保暖，而以时尚个性作为追求。

5. 消费者需求的伸缩性

消费者市场的需求量是由多种因素决定的。从外因上看，包括商品的供应量、商品价格、广告宣传力度等，而内因上则取决于消费者对产品需求的迫切性和自身的支付能力。因此，只要上述因素发生变化，消费者市场需求就会有相应变化，从而表现出市场需求的伸缩性。这种伸缩性一般是由价格引起的。价格与消费者的需求弹性是呈反比：价格上升，需求下降；价格下降，需求提升。

6. 消费者需求的周期性

消费者需求周期性体现在：一些需求得到满足以后，在一定时期内就不会产生此类同样需求，但随着时间推移该类需求还会重新出现。重新出现的需求不是对原有需求一模一样地复制重复，而是可能在内容上、形式上又有了新的变化。因此，消费需求的周期性不仅是需求形成和发展的重要条件，也是社会经济发展的直接动力。消费需求的周期性主要由消费者的生理运行机制及某些心理特征引起，并受到自然环境变化周期、商品生命周期和社会时尚变化周期的影响。例如，对服装的需求周期性受到季节或潮流的影响；对食品的需求周期性具有时间短、循环快、重复性高的特点。

7. 消费者需求的可变性

消费者需求作为消费者个体与客观环境之间不平衡状态的反映，其形成和发展变化直接受到所处环境状况的影响和制约。客观环境包括社会环境和自然环境，无一不在变化发展之中。因此，一定阶段社会政治经济制度的变革、伦理道德观念的更新、生活和工作环境的变迁、社会交往的启示、广告宣传的诱导等，都可能改变人们消费需求的指向或强弱。这说明消费需求不是一成不变的，无论何种内容、何种层次的需求都会因社会环境的变化而发生改变。

8. 消费者需求的可诱导性

消费者需求具有可诱导的特点，可以通过人为的引导和调节有意识地给予外部诱因，诱使消费者需求按照预期目标发生变化和转移。例如，有些消费者对家居并没有产生进行美化装饰的需求，但是受到朋友、同事、广告宣传或者某种"示范效应"的影响，他们不仅会进行装饰，而且还会有显示其经济实力及社会地位的心理需求，因而对木质地板、墙布呈现出强烈的购买欲望。许多企业正是利用消费需求的这一特点，通过广告传播信息帮助消费者认识商品，引导消费者的需求欲望发生变化和转移，创造新的消费流行，诱导消费者形成某种需求。

（二）消费者购买行为

消费者在占有一定信息的基础上，从实现购买目的的若干购买方案中选择一种最优的方案，并据以做出的决定就是消费者的购买决策。消费者购买决策内容主要有以下六个方面，简单概括为"5W1H"。

1. 购买什么（What），即确定购买对象

这是购买决策的核心问题和基本任务。如果买什么都不能决定，那就不会有任何购买活动的产生。对于消费者来说，决定买什么不能只停留在一般产品上，必须要有明确具体的指向对象，包括产品的名称、品牌、规格、价格等。

2. 为何购买（Why），即对于购买动机的权衡

消费者的购买动机是推动消费者实行某种购买行为的愿望。消费者的购买动机具有多样性。首先要在诸多动机中进行权衡选择，进而考虑实际的货币支付能力。

3. 何时购买（When），即确定购买时间

对于不同的商品，消费者进行购买的时间常常是不同的。这主要取决于消费者对某种商品需求的迫切程度、存货情况、营业时间、交通情况和消费者自己可控制的空闲时间等。

4. 何地购买（Where），即确定地点

消费者对购买地点的选择，往往与经销企业的信誉、路途远近、价格、消费者所购商品类型等因素密切相关。现代市场竞争日益激烈，企业生存与发展的关键是吸引尽可能多的消费者，这就要求企业要以各种方式争取消费者，满足消费者需要。

5. 谁来购买（Who），即确定购买的主体

家庭是社会的细胞，家庭成员在购买决策中通常扮演着不同的角色，主要包括：

（1）发起者，即首先提出或有意向购买某一产品或服务的人；

（2）影响者，即其看法或建议对最终决策具有一定影响的人；

（3）决策者，即对是否购买、为何购买、如何购买、何处购买等购买决策做出完全或最后决定的人；

（4）购买者，即实际购买的人；

（5）使用者，即实际消费或使用产品或服务的人。

课堂训练

如果你所在家庭需要购买一台空调，请举例说明家庭成员分别是什么角色？

6. 如何购买（How），即确定购买方式

购买方式主要是指消费者购买商品时的货币支付方式和获得产品所有权的方式及途径，如现金支付、分期付款、赊销、邮购、网上订购等。选择何种购买方式，取决于购买目的、购买对象、购买时间等因素。企业应以多种服务项目和销售方式适应消费者的多种购买方式。

二、影响消费者购买行为的因素

经济学家对消费者的购买行为进行分析时，往往把消费者看成为"经济人"，把他们的购买看作是完全理性的购买，即消费者根据充分的市场情报，购买对自己最有价值的商品，并追求"最大效用"。但随着商品经济的发展，居民收入大幅度增长，市场上供应的商品品种、规格、款式也日益繁多，此时再仅仅用经济因素已很难解释消费者需求选择的多样化。

为研究消费者购买行为，专家们建立了一个"刺激-反应"模式（见图3-1）来说明外界营销环境刺激与消费者反应之间的关系。这里，消费者被看作一个"黑箱"。左边的外部刺激因素包括主要的宏观环境因素和市场营销因素。这些刺激进入购买者"黑箱"，然后产生购买者反应，即决策（包括产品选择、品牌选择、经销商选择等）。购买者黑箱也由两部分组成，一部分为购买者特性，主要影响购买者对外界刺激如何反应；另一部分是购买者决策过程，影响购买者的最终决定。

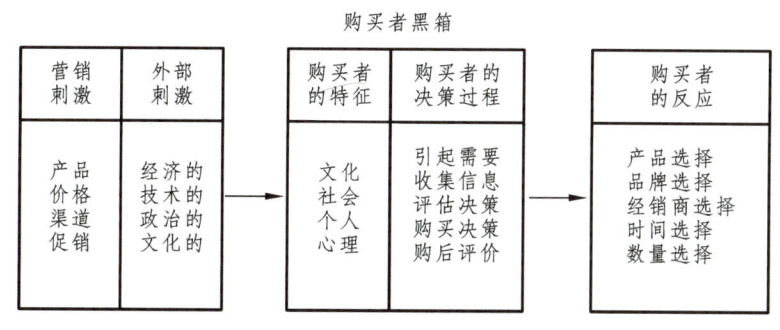

营销刺激	外部刺激	购买者黑箱		购买者的反应
		购买者的特征	购买者的决策过程	
产品 价格 渠道 促销	经济的 技术的 政治的 文化的	文化 社会 个人 心理	引起需要 收集信息 评估决策 购买决策 购后评价	产品选择 品牌选择 经销商选择 时间选择 数量选择

图3-1 "刺激-反应"模式

消费者的购买决策深受其不同的社会、文化、个人和心理因素组合的影响，如图3-2所示。下面分别阐述这四方面因素的具体内容及其对购买者行为的影响。

文化因素	社会因素	个人因素	心理因素
文化 亚文化 社会阶层	相关群体 家庭 角色和地位	年龄 家庭生命周期 经济状况 生活方式	动机 感觉和知觉 学习 信念和态度

图3-2 消费者购买角色影响因素

（一）文化因素

文化、亚文化、社会阶层等文化因素，对消费者的行为具有最广泛和最深远的影响。

1. 文化

文化是人类欲望和行为最基本的决定因素。人类的行为大部分是学习而来的，在社会中成长的儿童通过其家庭和其他机构的社会化过程，学到基本的价值、知觉、偏好和行为的整体观念。

2. 亚文化

每一文化都包含着能为其成员提供更为具体的认同感和社会化的较小的亚文化群体。主要有以下几个。

（1）民族群体。我国是一个多民族国家，每个民族有各自不同的民族习惯和生活方式。
（2）宗教群体。各宗教都有其偏好和禁忌，形成特定的宗教文化。
（3）种族群体。如黑色人种、白色人种和黄色人种，他们都有特定的文化和状态。
（4）地理地域。如南方、北方、沿海、内地，他们都有各自的风俗习惯。

3. 社会阶层

社会阶层是具有相对的同质性和持久性的群体，每一阶层成员具有类似的价值观、兴趣爱好和行为方式。不同社会阶层的人对产品的品牌有不同的偏好，因此营销者只能集中主要力量为某些阶层服务。

（二）社会因素

1. 相关群体

相关群体指对个人的态度、意见偏好和行为有直接或间接影响的群体。相关群体有两种基本类型：一种是个人具有成员资格并因此受到直接影响的群体，这其中又分为主要群体和次要群体。主要群体是给个人以最大影响的群体，如家庭、朋友、邻居、同事；次要群体则给个人以较次要的影响，如职业协会、学生会。另一种是个人并不具有正式成员资格，而是期望成为其中一员的群体，典型的如青少年对影星、歌星的崇拜，故也称之为崇拜性群体。

相关群体促使人们在消费上做出相近的选择，因为人们从相关群体中获得大量经验和知识，受群体成员观点和行为准则的影响和制约；或者因为个人相信在群体影响下做出购买决策可以减少失误，而不遵守群体准则的行为会受到谴责；或者因为个人希望通过与群体交往来提高自我形象。群体的结合越紧密，交往过程越有效，个人对群体越尊重，相关群体对个人购买选择的影响就越大。

相关群体对消费者购买不同商品的影响有所区别。它对购买使用时不易为他人所觉察的洗衣粉、食盐等商品影响较小，对购买使用时十分显眼的服饰、耐用消费品等商品影响较大。相关群体不仅影响消费者对产品的选择，而且影响消费者对商品品牌的选择。在产品生命周期的不同阶段，相关群体对产品选择和品牌选择的影响也不尽相同。一般来说，相关群体在引入期只对产品选择有强烈影响；在成长期对产品选择和品牌选择都有很强烈的影响；在成熟期只对品牌选择有强烈影响；在衰退期对产品选择和品牌选择的影响都很小。

在相关群体对购买行为影响较强烈的情况下，企业应设法影响相关群体中的意见领导者。意见领导者既可以是首要群体中在某方面有专长的人，也可以是次要群体的领导人，还可以是期望群体中人们仿效的对象。意见领导者的建议和行为，往往被追随者接受和模仿，因此他们一旦使用了某种产品，就会起到有效的宣传和推广作用。企业应首先针对他们做广告，或干脆就请他们做广告，以对追随者起到示范或号召作用。

2. 家庭

家庭是社会组织的一个基本单位，也是消费者的首要参照群体之一，对消费者购买行为有着重要影响。一个人在其一生中一般要经历两个家庭：第一个是父母的家庭，在父母的养育下逐渐长大成人；然后又组成自己的家庭，即第二个家庭。当消费者作购买决策时，必然要受到这两个家庭的影响。其中，受原生家庭的影响比较间接，受现有家庭的影响比较直接。

家庭购买决策大致可分为三种类型：（1）一人独自做主；（2）全家参与意见，一人做主；（3）全家共同决定。这里的"全家"虽然包括子女，但主要还是夫妻二人。夫妻二人购买决策权的大小取决于多种因素，如生活习惯、女性的就业情况以及双方的经济实力和受教育程度等，不容忽视的还有孩子对决策的影响力。

3. 角色和地位

一个人在不同环境下扮演的角色也会有所不同。比如一位女性教师，在工作中她的角色是教师，在儿女面前她的角色是母亲，在丈夫面前她的角色为妻子，在父母面前她的角色是女儿。伴随着角色不同，该女性的需求也会产生不同。

（三）个人因素

消费者的购买行为与个人因素也有密切的联系，如年龄、家庭生命周期、经济状况、生活方式等。

1. 年龄

不同年龄的消费者由于生活方式、欲望、兴趣以及购买习惯等方面的差异，对商品有着不同的需求和偏好。以化妆品为例，年轻消费者看重时尚潮流妆容，而中年女性更看重是否能改善肤质、祛斑、美白、提亮肤色等，而老年女性消费者在购买此类商品看重的是除皱等功效。

2. 家庭生命周期

家庭生命周期是指一个以家长为代表的、从产生到子女独立的发展过程。根据购买者的年龄、婚姻和子女等状况，其家庭生命周期大体可分为七个阶段。

（1）未婚阶段：年轻、单身。

（2）新婚阶段：年轻夫妇，没有孩子。

（3）"满巢"期Ⅰ：年轻夫妇，有六岁以下的幼儿。

（4）"满巢"期Ⅱ：年轻夫妇有六岁或六岁以上的孩子。
（5）"满巢"期Ⅲ：年龄较大的夫妇，有未独立的孩子。
（6）"空巢"期：年龄较大的夫妇，与子女已分居。
（7）鳏寡期：年老、单身，即失去配偶后只剩下一位老人的家庭。

消费者处在不同的家庭生命周期阶段时，会有不同的爱好与需要。例如，新婚夫妇需要购买家具、家电等耐用消费品，"满巢"期Ⅰ需要婴儿食品、玩具等，"满巢"期Ⅲ需要青少年使用的图书杂志、体育用品、服装、交通工具等商品。由此可见，购买者的家庭生命周期也会影响消费者的购买行为。

3. 经济状况

消费者的经济状况取决于他的个人可支配收入。收入是决定消费者是否购买的根本性要素之一，如消费者仅有购买欲望而无购买力也不能形成现实而有效的市场。除了可支配收入外，消费者的经济情况还受到储蓄以及信贷的影响。一般收入较低的消费者往往比收入较高的消费者更关注商品价格。消费者收入和购买能力，同价值观念和审美情趣有着直接的关系。不同的收入水平，决定了需求的不同层次和倾向。

4. 生活方式

生活方式是指一个人在生活方面所表现出来的兴趣、观念等，它是德国政治经济学家马克斯·韦伯（Max Webber）提出的术语。不同生活方式的消费者在购买行为上也会有所不同，例如，两名女性，一名为职业女性，一名为家庭妇女，他们的生活方式截然不同，在服装上、生活娱乐选择上都是不同的。

（四）心理因素

1. 动机

动机一般是由需要产生的，当购买动机达到一定强度时就会引发购买行为。

动机形成的经典理论为"马斯洛需要层次论"。马斯洛需要理论将需求由低到高地分为五个层次，分别为生理需要、安全需要、社交需要、尊重需要、自我实现需要。从需要的重要层度看，越底层的需要越重要，且需要呈现递进关系，当一级需要得到满足以后会向上一级需要递进。

需要注意的是，马斯洛需要层次结构根据不同人、不同社会、不同时代等层次顺序会有不同，或没有某一层次的需要。

2. 感觉和知觉

感觉是指通过视、听、嗅、味、触五种感官对刺激物的反应。随着感觉的深入，将感觉到的材料通过大脑进行分析综合，从而得到知觉。而知觉指个人选择、组织并解释信息的投入，以便创造一个有意义行为的过程，它不仅取决于刺激物的特征，而且还依赖于刺激物同周围的关系及个人所处的状况。人们之所以对同一刺激物产生不同的知觉，是因为人们要经历三种知觉过程，即选择性注意、选择性曲解和选择性记忆。

3. 学习

学习是指由于经验而引起的个人行为的改变。人类行为大多来源于学习。例如某顾客需要购买一台摄像机，由于对摄像机的功能不了解，在购买之前就会进行学习，购买中导购也会对功能进行详细的介绍，传递商品相关信息，促使顾客做出购买决策。

4. 信念和态度

消费者在购买和使用商品的过程中就形成了信念和态度。这些信念和态度又反过来影响人们的购买行为。

信念指一个人对某些事物所持有的描述性思想。信念的形成可以基于知识，也可以基于信仰或情感等。而态度是一个人对某些事物或观念长期持有的好与坏的认识评价、情感感受和行动倾向。由于人们的态度往往呈现为稳定一致的模式，倾向于根据态度做出重复的购买决策，所以改变一种态度是十分困难的。

可见，影响消费者购买行为的因素是众多的，一个人的选择是受到文化、社会、个人、心理等因素复杂影响和作用的结果。了解这些因素可以使企业更好地识别可能对其产品或服务感兴趣的购买者，为市场细分和选择目标市场提供必要线索，也为制定营销组合策略提供依据。

三、消费者购买行为过程

（一）消费者购买决策过程

消费者购买决策由一系列的相关活动构成，在实际购买之前就已经开始。从心理学的角度讲，购买决策过程也是一个认识过程。因此，研究消费者的购买，不能只注意其意向购买或实际购买，而应研究从需求形成到购买后的反应全过程。

典型的购买决策过程一般包括以下几个方面：

1. 引起需要

引起需要是消费者购买决策过程的起点。当消费者在现实生活中意识到实际情况与其要求之间有一定差距，并产生要解决这一问题的要求时，购买过程便开始了。消费者这种需要的产生，既可以是内部刺激所引发的，如因饥饿而购买食品、因口渴而购买饮料；又可以是由外部刺激所诱生的，如因为看到产品广告而产生购买行为。当然，有时候消费者的某种需求可能是内、外原因同时作用的结果。

在这一阶段，企业必须研究消费者的驱使力，使自己的产品适应驱使力的需要。同时，企业应当开展广告宣传活动，以加深消费者对企业产品的印象。这样，可以通过合理、巧妙恰当的诱因，在适当的时间、地点，以适当的方式唤起需要。

2. 收集信息

当消费者产生了购买动机之后，便会开始进行与购买动机相关联的活动。如果所欲购买的物品就在附近，就会实施购买活动，从而满足需要。但是，当所需购买的物品不易购到或者说需求不能马上得到满足时，他就要收集情报资料，寻找商品信息，进行比较选择。消费者信息的来源主要有四个方面：

（1）个人来源。个人来源包括从家庭、亲友、邻居、同事等个人交往中获得信息。

（2）市场来源。市场来源是消费者获取信息的主要来源，包括广告、推销人员的介绍、经销商、商品包装、产品说明书等提供的信息。这一信息源是企业可以控制的。

（3）社会来源。社会来源包括消费者从电视、广播、报刊等大众传播媒体所获得的信息及消费者评估组织等宣传、介绍的各种信息资料。

（4）经验来源。经验来源是消费者从自己亲自接触、使用商品的过程中得到的信息。在这个阶段，消费者的主要目标是寻找信息资料。因此，企业一方面应该告知消费者"我有你要的产品"，并针对购买者特征寻找信息渠道，做好商品的广告宣传；另一方面，应当搞好商品陈列，主动介绍商品，讲究商品包装，把消费者的注意力吸引到所需商品上来，促使购买行为发生。

3. 评价选择

消费者搜集到大量的信息后，要对信息进行整理、分析和选择，以便做出购买决策，包括购买品种、品牌、地点、时间等的决策。不同的消费者在购买不同的商品时，比较选择的方法和标准也各不相同，一般从以下几方面来分析：

（1）产品属性。产品属性即产品能够满足消费者需要的特性，如计算机的储存能力、显示能力等，照相机的体积大小、摄影的便利性、成像的清晰度等。消费者根据自己的需要和偏好，确定各属性的权重，一般越重要的属性被赋予的权重越大，需重点考虑。

（2）品牌信念。品牌信念是消费者对某品牌优劣程度的总的看法。由于消费者的个人经验、选择性注意、选择性记忆等的影响，其品牌信念可能与产品的真实属性并不一致。消费者根据对品牌的信念，分别给不同的品牌一个评价值。

（3）其他选择因素。其他选择因素主要包括价格、质量、服务项目及水平、交货的及时性、包装、购买的方便性等。

（4）总评。根据各属性的权重及评价值，得出总评价分。由于不同的消费者给予同一商品各属性重要程度、评价值的分值是不同的，所以不同的消费者会有不同的选择。

4. 购买决策

经过对供选择品牌的评价，消费者形成了对某种品牌的偏好和购买意向。但是，受以下三个因素的影响，消费者不一定能实现或立即实现其购买意向。

（1）其他人的态度，如果与消费者关系很密切的人坚决反对购买，消费者就很可能改变购买意向；

（2）一些不可预料的情况，如出现家庭收入减少、急需在某方面用钱或得知准备购买的品牌令人失望等意外情况，消费者也可能改变购买意向；

（3）预期风险的大小，在所购商品比较复杂、价格昂贵因而预期风险较大的情况下，消费者可能采取一些避免或减少风险的习惯做法，包括暂不实现甚至改变购买意向。

因此，根据消费者对品牌的偏好和购买意向来推测购买决定并不十分可靠。

决定了购买意向的消费者往往还要做出以下一些具体的购买决策：购买哪种品牌、在哪家商店购买、购买量、购买时间等，在某些情况下还要决定支付方式。

5. 购后评价

完成购买决策和消费者实际购买产品后，并不意味着购买活动的结束。为验证自己的决定是否最优，所得的利益是否最大，消费者还需进行购后评价。

购后评价集中指向所购商品，评价标准也以产品效用为主要内容。评价可以由消费者个人进行，也可以征求亲友、同事的意见，观察社会反应。评价时间可以发生在买后即时，也可以在使用一段时间以后再进行评价。评价结果表现为满意、基本满意和不满意及十分不满意几种情况。消费者根据自己从卖主、朋友及其他来源所获得的信息来形成产品期望，如果卖主夸大其产品的优点，消费者将会感受到不能证实的期望，这种不能证实的期望会导致消费者的不满意感。当他们感到十分不满意时，肯定不会再买这种产品，甚至有可能退货、劝阻他人购买这种产品。所以，营销者应使其产品真正体现出价值的可觉察性能，以便使购买者感到满意。事实上，那些有保留地宣传其产品优点的企业，反倒使消费者产生了高于期望的满意感，并树立起良好的产品形象和企业形象。

消费者对其购买的产品是否满意，会影响消费者是否重复购买，并将影响其他人的购买决策。所以，市场营销人员应采取有效措施，尽量提高消费者购后的满意度，并通过加强售后服务保持与顾客的联系，提供使他们从积极方面认识产品的特征方式，增加消费者的满意度。

（二）消费者购买行为的类型

在购买不同商品时，消费者决策过程的复杂程度有很大区别。一些商品的购买过程很简单，另一些则比较复杂，需要深入研究的是比较复杂的购买决策过程。因此，在考察购买决策过程的步骤之前，需要对购买行为进行分类。消费者的购买行为的划分，主要依据以下两个标准：

第一，购买者介入购买的程度。具体包括两层含义：（1）消费者购买的谨慎程度以及在购买过程中花费的时间和精力的多少；（2）参与购买过程的人数多少。

第二，所购商品不同品牌之间的差异程度。品牌差别小的商品大多是同质或相似的商品，而品牌差别大的商品大多是在花色、品种、式样、型号等方面差异较大的异质商品。

将消费者购买行为分为四种类型，如表3-1所示。

表3-1 消费者购买行为的四种类型

品牌差异程度	介入程度	
	介入程度高	介入程度低
品牌差异大	复杂型购买行为	多变型购买行为
品牌差异小	协调型购买行为	习惯型购买行为

1. 复杂型购买行为

复杂型购买行为是指消费者在购买商品时投入较多的时间和精力，并注意各品牌之间的主要差异。一般消费者在购买花钱多、自己又不了解的商品时的购买行为属于复杂型购买行为。消费者了解商品的过程，也是学习的过程。例如，在生活中，购买个人计算机的行为就属于该类购买行为。在介入程度高且品牌差异大的产品经营中时，企业的营销人员应该协助消费者学习，帮助其了解商品的性能属性和品牌间的差异，以影响消费者的购买决策。

2. 协调型购买行为

协调型购买，发生在竞争程度虽高但所购商品品牌差别不大的场合，比复杂型购买要简单。由于品牌差别不明显，消费者一般不必花很多时间收集不同品牌商品的信息并进行评价，而主要关心价格是否优惠和购买时间与地点是否便利，因此，从引起需要和动机到决定购买所用的时间是比较短的。但同复杂的购买行为相比，消费者购买后最容易出现因发现产品缺陷或其他品牌更优而心理不平衡的现象。为追求心理平衡，消费者这时才注意寻找有关已购品牌的有利信息，争取他人支持，设法获得新的信心，以证明自己的购买选择是正确的。鉴于这种心理特点，企业一方面要通过调整价格，选择适当的售货地点和精通业务的售货员，影响消费者的品牌选择；而另一方面，还应以各种方式与购买者取得联系，提供信息，使他们对自己的购买选择感到满意。

3. 多变型购买行为

多变型购买行为常常发生在购买价格低但是品牌差异大大的商品时。例如，在饮料市场中，有不同品牌的不同产品，它们在包装、口感、营养等方面存在较大的差异。对于这类商品，消费者可能经常改变品牌选择，不是因为商品本身不好，而是由于商品品种多样化，消费者想尝试不同品牌的不同商品。对于这类商品的营销，企业要在促销上下功夫，如降价、反复做广告、让消费者试用、送赠品、抽奖等。

4. 习惯型购买行为

这种购买行为常常发生在购买价格低、经常购买且品牌差异不大的商品时。消费者往往对这类商品的购买决策不重视，购买时介入的程度很低，主要凭印象、熟悉程度和被动接受的广告信息等来进行购买。对于这类商品的营销，主要在广告上下功夫，企业可设计简短的营销广告反复刺激消费者，突出与品牌联系的视觉标志和形象，以加强消费者记忆。

任务二　组织市场与产业购买行为分析

一、组织市场类型

在流通领域中，不仅存在着消费资料的交换活动，而且还存在着生产资料的交换活动。企业不仅把商品和劳务出售给广大个人消费者，而且把大量的原材料、机器设备、办公用品及相应的服务提供给诸如企业、社会团体等组织用户。这些用户构成了整个市场体系中庞大的市场，即组织市场。组织市场是由各种组织机构形成的企业产品和劳务需求的总和。它可分为三种类型：

（1）产业市场，又称生产者市场，或产业市场。它是指一切购买产品和服务并将之用于生产其他产品或服务，以供销售、出租或供应给他人的个人和组织，如农业、制造业等。

（2）中间商市场。它是指那些通过购买商品和服务，以转售或出租给他人获取利润为目的的个人和组织。它由各种批发商和零售商组成。

（3）政府市场。它是指那些为执行政府的主要职能而采购或租用商品的各级政府单位。

在接下来的分析中，我们将着重分析组织市场中的产业市场部分。

二、产业市场的特点

产业市场又称生产者市场或企业市场，指一切购买产品和服务并将之用于生产其他产品或服务，以供销售、出租或供应给他人的个人和组织。它具有以下特点：

1. 购买者是企业

在产业市场上，生产资料的购买者虽然可能是个人，但这里的个人不代表他自己，而是代表企业或集体（不排斥个体经营者的购买）。因此，在从事生产资料的营销时，就要以单位或企业为主要对象开展业务活动，从而达到满足需求的目的。

2. 需求属于派生性需求

所谓派生性需求，是指由其他需求引出的需求。在现实生产中，产业市场的需求是由消费产品的需求引起的。例如，产业市场对钢铁的需求，是由于消费者市场需求汽车、自行车等而引起的。因此，在营销过程中，要重视对消费者市场需求的分析和研究。

3. 需求弹性小

需求弹性是指需求量对价格变化反应的灵敏程度。由于产业市场的需求取决于生产结构和生产发展速度，产品的专用性很强，对产品的品种、规格、型号及质量有严格要求，不能互相代替，所以产业市场的需求，一般不受广告宣传、价格变动等的影响，需求弹性小。

4. 需求结构复杂

产业市场需求结构是指生产资料按自然属性划分后,各类生产资料的需求量所占的比例。因此,在营销过程中,营销人员必须具备专门的知识,要研究产品形成中的物质结构及单位产品中生产资料的消耗定额。只有这样,才能做好生产资料的供应和销售。

5. 需求量大、交易金额高

产业市场的购买者主要是企业,而企业又是具有一定生产规模,承担一定生产任务的经济组织,所以产业市场是在企业之间进行的,购买频率不高,但交易的数量大、金额高。因此,营销人员一方面要研究企业的生产规模和生产能力;另一方面要做好收付款手续,以防被骗,造成损失。

三、产业市场购买行为主要类型

产业用户购买决策过程的复杂程度和决策项目的多少,取决于其决策类型。决策类型主要有三种,即直接重购、修正重购和新购买。

1. 直接重购

直接重购是用户按过去的订货目录重新订购。通常是需要重复购买的产品,买方选择熟悉并满意的供应方持续购买,且对购买方式及其他订货条款都不做任何修正,甚至建立自动订购系统。供应方的努力重点在保持产品和服务的质量,竞争对手要想夺取这个市场很困难,但仍可从提供一些新产品或消除买方的不满入手,设法先获得少量订单,再逐渐扩大战果。

2. 修正重购

修正重购是购买方虽打算重复购买同种产品,但想变更产品的规格、数量、价格或其他条款,或重新选择供应商。这类购买要复杂些,需要做一些新的调查和决策,通常也需要更多的人参与决策。在这种情况下,原供应者不得不采取有力行动,以保住这个客户,而竞争对手则把这视做扩大销售,增加生意的机会。

3. 新购买

新购买即第一次购买某种产品或服务。如购置新设备或新办公楼。由于买方对新购买的产品心中无数,往往要求获得大量有关信息,且购买成本越高,风险越大,参加制定购买决策的人数也越多。显然,这种购买为市场营销者提供了很好的机会,同时也是很有力的挑战。企业派出最优秀的推销小组,尽可能广泛地接触买方有关人员,为买方提供各种有用的信息和帮助,消除其顾虑,以促成交易。

课堂练习

替李三把脉

推销员李三负责销售一种安装在发电设备上的仪表,工作非常努力,不辞劳苦地四处奔波,但是收效甚微。您能从他的推销过程找出原因吗?

1. 李三得悉某发电厂需要仪表，就找到该厂的采购部人员详细介绍产品，经常请他们共同进餐和娱乐，双方关系相当融洽，采购人员也答应购买，却总是一拖再拖，始终不见付诸行动。李三很灰心，却不知原因何在。

2. 在一次推销中，李三向发电厂的技术人员介绍说，这是一种新发明的先进仪表。技术人员请他提供详细技术资料并与现有同类产品做一个对比。可是他所带资料不全，只是根据记忆大致作了介绍，对现有同类产品和竞争者的情况也不太清楚。

3. 李三向发电厂的采购部经理介绍现有的各种仪表，采购部经理认为都不太适合本厂使用，说如果能在性能方面做些小的改进就有可能购买。但是李三反复强调本厂的仪表性能优异，认为对方提出的问题无关紧要，劝说对方立刻购买。

4. 某发电厂是李三所在公司的长期客户，需购仪表时就直接发传真通知送货。该电厂原先由别的推销员负责销售业务，后来转由李三负责。李三接手后采用许多办法与该公司的采购人员和技术人员建立了密切关系。一次，发电厂的技术人员反映有一台新购的仪表有质量问题，要求给予调换。李三当时正在忙于同另一个重要的客户洽谈业务，拖了几天才处理这件事情，他认为凭着双方的密切关系，发电厂的技术人员不会介意。可是那家发电厂以后购买仪表时，转向了其他供应商。

5. 李三去一家小型发电厂推销一种受到较多用户欢迎的优质高价仪表，可是说破了嘴皮，对方依然不为所动。

6. 某发电厂同时购买了李三公司的仪表和另一品牌的仪表，技术人员、采购人员和使用人员在使用两年以后对两种品牌进行绩效评价，列举事实说明李三公司的仪表耐用性不如那个竞争性品牌。李三听后认为事实如此，无话可说，听凭该电厂终止了同本公司的生意关系而转向竞争者购买。

请大家认真思考后回答。

实训四 案例分析

一、阅读案例

变化中的"购买者黑箱"——"新一代消费者"

30 岁的小宁发现自己与 22 岁的小强已经存在"代沟"。作为一名普通白领,小宁刚刚结婚,正在为第一套房子还贷,准备攒钱买车,喜欢在商场打折时购物;而收入只有他一半的小强,却非品牌商品不买,短时间内已经换了五六部手机。

小强花在网络上和电视上的时间一样多,他不拒绝广告,爱看偶像剧和大片,排斥一切文艺片和历史剧、政治剧。他和父母同住,但经济上独立,每逢假期便安排出游计划。虽有好几张银行卡,但属于"月光一族";尽管老是缺钱,但他并没有太强的储蓄意识。

小宁的困惑是:"我也许比小强更有经济实力,但广告商更青睐我还是他?"他的答案是:"商家的希望也许只能寄托在小强这样的人身上了。"

二、分析讨论

看到小强这样一代人的消费观念和行为,你认为怎样的营销才对他们有效?换言之,企业应该怎样了解和利用他们的"购买者黑箱"?

三、营销实训

(1)实训题目:分析市场特点,了解消费者购买心理和购买行为。

(2)实训任务:走访考察某一大型超市,观察消费者购物过程,分析购物的决策过程。

四、实训步骤与要求

(1)根据商品类别,将学生分为几个小组,选取一位同学为组长来协调实训过程。任课教师实时指导。

(2)选定某一大型超市进行考察。

(3)以小组为单位对调查情况进行分析、讨论。

(4)各小组提交一份分析报告,课堂评价各小组实训报告。

习 题

一、单选题

1. 需要层次理论是 20 世纪 50 年代由美国心理学家（　　）提出的。
   A. 波登
   B. 赫杰特齐
   C. 马斯洛
   D. 温德尔·史密斯
2. 影响消费者购买行为的心理因素包括（　　）。
   A. 信念和态度
   B. 年龄和家庭生命周期
   C. 社会阶层
   D. 社交需求
   E. 尊重需求
3. 某夫妇携刚上小学的儿子上街，经过鞋城时，儿子要求购买在电视广告中经常出现的 400 元一双的名牌运动鞋，后经夫妇商量并说服儿子，买了一双 99 元的普通品牌运动鞋。这种购买行为属于（　　）。
   A. 经济型购买
   B. 理智型购买
   C. 情感型购买
   D. 冲动型购买
4. 消费者是非专家购买，对商品缺乏了解，只根据商品的价格高低判断质量好坏，其购买容易受到销售人员和现场气氛的影响，这种购买特点属于（　　）。
   A. 购买的可诱导性
   B. 购买的弹性
   C. 购买的层次性
   D. 购买的替代性
5. 按马斯洛的需要层次论，最高层次的需要是（　　）。
   A. 生理需要
   B. 安全需要
   C. 自我实现需要
   D. 社会需要
6. 消费者购买行为过程的起点和终点是（　　）。
   A. 一手钱一手货，交换结束，购买行为就结束
   B. 从顾客向售货员询问到交易完毕双方道别
   C. 从走进商店到交易完毕走出商店
   D. 从需求产生到对所买商品的最终评价

二、多选题

1. 按消费者的购买习惯，消费品可分为（　　）。
   A. 便利品
   B. 耐用消费品
   C. 选购品
   D. 特殊品
   E. 非寻觅品

2. 影响消费者购买行为的因素有（　　）。
   A. 促销方式　　　　　　　　　B. 经济因素
   C. 社会文化因素　　　　　　　D. 个人因素
   E. 政治因素
3. 消费者的信息主要有（　　）等几个方面的来源。
   A. 市场　　　　　　　　　　　B. 间接
   C. 个人　　　　　　　　　　　D. 社会
   E. 经验
4. 影响消费者购买行为的经济因素有（　　）。
   A. 商品价格　　　　　　　　　B. 消费者收入
   C. 商品效用　　　　　　　　　D. 消费者可支配收入
   E. 国民收入　　　　　　　　　F. 国民生产总值

三、思考与练习

1. 消费者市场具有哪些特点？
2. 简述复杂的购买行为和习惯性购买行为的产生条件和相应的营销策略。
3. 消费者的购买决策过程包括哪些步骤？
4. 以自己最近的一次购买活动为主题，分析购买决策全过程，在各阶段营销者应该注意什么？购后反应在整个购买过程中有怎样的作用？

项目四 PART FOUR
目标市场战略

知识目标
1. 了解市场细分、目标市场、市场定位的概念。
2. 掌握如何评估细分市场的基本标准。
3. 能够根据企业实际情况对目标市场的模式进行选择。
4. 说出市场定位的过程。

能力目标
1. 学会根据市场细分的标准和条件以及市场细分的方法对市场进行有效细分，确定目标市场并进行合理定位。
2. 熟悉目标市场营销策略和目标市场策略选择应考虑的因素。
3. 培养同学们能够对企业进行市场定位分析并确定市场定位方法。

素质目标
1. 做到为市场营销战略和策略的制定奠定良好的分析判断基础能力。
2. 培养同学们分析市场选择市场的职业能力。

案例导入

米勒啤酒[①]

1969年，美国啤酒业中的"老八"，米勒啤酒公司，被菲力浦·莫里斯公司收购。菲力浦·莫里斯公司，这个国际烟草业的巨人，在20世纪60年代凭借高超的营销技术取得了辉煌的成绩——在美国的市场份额从第四位上升到第二位。当时的菲力浦·莫里斯公司，一方面有着香烟销售带来的巨大盈利，另一方面又受到日益高涨的"反对吸烟"运动的威胁。为了分散经营风险，他们决定进入啤酒行业，在这个领域一展身手。

当时的美国啤酒业，是一种寡头竞争的态势。市场领导者——安修索·布希公司的主要品牌是"百威"和"麦可龙"，市场份额约占25%；佩斯特蓝带公司处于市场挑战者的地位，

---

① 谢文辉. 成功营销：60个经典营销寓言故事[M]. 北京：民主与建设出版社，2004.

市场份额约占 15%；米勒公司勉强跻身于第八位，份额仅占 6%。啤酒业的竞争虽已很激烈，但啤酒公司营销的手段仍很低级，他们在营销中缺乏市场细分和产品定位的意识，把消费者笼统地看成一个需求没有什么区别的整体，用一种包装、一种广告、一个产品向所有的顾客推销。菲力浦·莫里斯公司兼并了米勒公司之后，在营销战略上做了根本性的调整。

在做出营销决策以前，米勒公司进行了认真的市场调查。他们发现，若用使用率对啤酒市场进行细分，啤酒饮用可细分为轻度使用者和重度使用者两类，轻度使用者人数虽多，但其总的饮用量却只有重度使用者的 1/8。他们还发现，重度使用者有着下列特征：多是蓝领阶层；年龄 30 岁左右；每天看电视 3.5 小时以上；爱好体育运动。米勒公司决定把目标市场定在重度使用者身上，并果断地决定对米勒的"海雷夫"牌啤酒进行重新定位。"海雷夫"牌啤酒是米勒公司的"旗舰"产品，素有"啤酒中的香槟"之称，在许多消费者心目中是一种价高质优的"精品啤酒"。这种啤酒很受女性和中高收入者欢迎，但这些人多是些轻度使用者。米勒决心把"海雷夫"献给那些"真正爱喝啤酒的人"。

重新定位从广告开始，他们考虑到目标顾客的心理、职业、年龄、习惯等特征，在广告信息、媒体选择、广告目标方面作了很多变化。他们首先在电视台特约了一个"米勒天地"栏目，广告主题变成了"你有多少时间，我们就有多少啤酒"来吸引那些"啤酒坛子"。广告画面中出现的均是激动人心的场面：船员们神情专注地在迷雾中驾驶轮船，钻井工人奋力止住井喷，消防队员紧张地灭火，年轻人骑着摩托冲下陡坡。他们甚至请来了当时美国最著名的篮球明星张伯伦来为啤酒客助兴。

为了配合广告攻势，米勒又推出了一种容量较小的瓶装"海雷夫"，这种小瓶装啤酒正好能盛满一杯，夏天顾客喝这种啤酒时不用担心剩余的啤酒变质。这种小瓶子的啤酒还很好地满足了那部分轻度使用者，尤其是妇女和老人，他们喝完一杯，不多不少，正好。

"海雷夫"的重新定位战略取得了成功，到了 1978 年，这种牌子的啤酒年销量达 2 000 万箱，市场占有率仅次于安修索·布希公司的百威啤酒。

"海雷夫"的成功，鼓舞了米勒公司，他们决定乘胜追击进入另一个细分市场——低热度啤酒市场。进入 20 世纪 70 年代，美国各地的"保护健康运动"如火如荼，米勒注意到对节食很敏感的顾客仍在不断扩大，即使那些很爱喝啤酒的人也在关心"喝啤酒会使人发胖"的问题。当时美国已有低热啤酒出现，但销量不佳。米勒公司断定这一情况的出现并不是因为人们不能接受低热啤酒的概念，而是不当的定位所致，他们错误地把这种啤酒向那些注重节食但并不爱喝啤酒的人推销。米勒公司看好这一市场，他们花了一年多的时间来寻找一个新的配方，这种配方能使啤酒的热量降低，但其口感和酒精度与一般啤酒无异。1973 年，米勒公司的低热啤酒"莱特"牌啤酒终于问世。

1975 年，米勒公司开始全面出击，广告攻势在美国各地展开，广告费总额达到 1 100 万美元（仅"莱特"一项）。公众对"莱特"啤酒的反应之强烈，就连米勒公司也感到意外。各地的"莱特"啤酒供不应求，米勒公司不得不扩大生产规模。起初，许多啤酒商批评米勒公司"十分不慎重地进入了一个根本不存在的市场"，但米勒的成功很快堵上了他们的嘴巴，他们也匆匆忙忙地挤进这一市场，不过此时米勒公司已在这个细分市场上稳稳地坐上了第一把交椅。"莱特"啤酒的销量增长很快，从 1975 年的 200 万箱，到 1976 年的 500 万箱，到 1979 年已达 1 000 多万箱。1980 年，"莱特"啤酒销售量位列"百威""海雷夫"之后，超过了老牌的"蓝带"啤酒。

启示

恰到好处的市场细分是准确定位乃至整个营销成功的关键。米勒公司对啤酒市场的准确细分，大大增加了米勒公司对消费者的了解，提高了营销的针对性，也有利于其找到对手的弱点，为准确的定位创造了条件；广告在实现产品的定位中起到重要作用。产品定位不但需要一个好的产品、合适的价格，更需要一套与之相配合的广告和包装。

任务一　市场细分

一、市场细分的概念和作用

按照消费者的需求特点等标准，将整个市场划分为若干细分市场，然后确定本企业所要进入的市场，集中力量打入，这就是市场的细分与定位。由于这种方法目标明确，"火力"集中，行之有效，故而被称为进入市场的"利剑"。

（一）市场细分的概念

市场细分的概念是由美国市场学家温德尔·史密斯（Wendell R. Smith）于20世纪50年代中期提出来的。当时美国的市场趋势已经认为是买方占据了统治地位。满足消费者越来越多样化的需求，已经成为企业生产经营的出发点。为了满足不同消费者的需求，在激烈的市场竞争中获胜，就必须进行市场细分。这个概念的提出很快受到学术界的重视和企业界的广泛运用，目前已成为现代营销学的重要概念之一。

所谓市场细分，是指根据消费需求的明显差异性，把某一产品的整体划分为若干个顾客群体，需求特点相似的顾客组成的群体就构成了一个细分市场。每个细分市场都是由具有相似需求和欲望的消费者组成。需要注意的是，市场细分是一个消费需求聚集的一个过程，而不是市场分解的过程。其特点有：异质市场才能细分；细分的实质是对消费者进行细分，而不是细分产品；求大同存小异的细分原则。

思考
企业为什么要做市场细分？
内在原因：企业资源的有限性。
外在原因：顾客需求的差异性。

（二）市场细分的作用

1. 有利于发现市场机会，开拓新市场

市场机会是市场上客观存在的未被满足的消费需求。通过市场细分，企业可以了解每一细分市场的需求情况、满足程度和竞争情况等，发现哪些需求没有得到满足，进而结合企业资源条件，开发出相应的产品，迅速占领这一市场。例如，20世纪60年代，日本钟表业通过调查发现，美国手表市场有三类不同消费者群：23%的消费者对手表的要求是一般计时、价格低廉；46%的消费者要求计时基本准确、耐用、价格适中；31%的消费者要求手表名贵、计时准确，这类消费者购买手表往往用来作为贵重礼物赠送他人。美国的钟表厂商和瑞士手

表商一向更关注第三类消费者，着重经营名牌手表。这样，第一类和第二类近70%消费者的需求便得不到很好的满足。发现这个市场机会后，日本钟表厂商迅速打进这两个细分市场，尤其是日本精工电子表，由于款式新颖、售价便宜，并提供方便的免费保修，很快在美国手表市场上取得了较高的占有率。

需要指出的是，市场细分对中小型企业有特殊的意义。中小型企业资源薄弱、实力有限，在整体市场或较大的市场中往往难以与大企业竞争。但通过市场细分，可以找到大企业顾及不到或无力顾及的"空白市场"，然后见缝插针、拾遗补阙，集中力量去加以经营，就会变整体劣势为局部优势，同样可在激烈的市场竞争中占有一席之地。

2. 有利于根据目标市场的特点制定市场营销策略

市场细分后的子市场比较具体，目标市场的特殊性能充分暴露和揭示。企业可以较为容易地依据目标市场的特点来决定营销策略。同时，在细分市场上，信息更容易获得和反馈，一旦消费者的需求发生变化，企业可迅速改变营销策略，制定相应的对策，以适应市场需求的变化。

3. 有利于集中人力、物力、财力投入目标市场，提高企业的竞争能力

任何一家企业的资源、人力、资金都是有限的。通过细分市场，选择适合自己的目标市场，企业可以集中人、财、物等资源，去争取局部市场上的优势，占领自己的目标市场，提高企业的竞争力。

4. 有利于企业提高经济效益

上述三个方面的作用都能使企业提高经济效益。除此之外，企业通过市场细分后，针对自己目标市场的特点生产出适销对路的产品，既能满足市场需要，又可增加企业的收入。产品适销对路可以加速商品流转，加大生产批量，降低企业的生产销售成本，提高生产工人的劳动熟练程度和产品质量，全面提高企业的经济效益。

二、市场细分的依据

（一）消费者市场细分的依据

显然，市场细分对于企业来说是具有重要意义的，要付诸实践，就要找到科学的细分依据。由于市场细分是建立在消费需求差异性的基础上，所以凡是能使消费者需求产生差异的都可以作为市场细分的依据。归纳起来有以下几个标准：地理细分、人口细分、心理细分、行为细分、受益细分。

1. 地理细分

按地理因素进行细分，就是依据消费者所处的不同地理区域进行细分，如不同国家、地区、省市、南方、北方、城市、乡村等，如表4-1所示。

表 4-1 地理因素细分表

细分因素	分类情况
地理位置	行政区域（东北地区、华北地区、西北地区、山区、平原） 地理区域（城市、农村、郊区）
气候状况	北方、南方、热带、寒带等
城市规模	大城市、中等城市、小城市、小乡镇等

例如，防暑降温、御寒保暖之类的消费品按不同气候带细分市场，家用电器、纺织品之类的消费品按城乡细分市场，十分必要。而按人口密度来买细分市场，对于基本生活必需品、日用消费品的生产厂家则可能很有意义。

按照地理因素细分市场，对于分析研究不同地区消费者的需求特点，需求总量及其发展变化趋势具有一定意义，有利于企业开拓区域市场。通过这种市场细分，企业应考虑将自己有限的资源尽可能投向力所能及的、最能发挥自身优势的地区市场中去。

地理因素易于辨别和分析，是细分市场时应予首先考虑的重要依据。但是，地理因素是一种静态因素，处于同一地理位置的消费者仍然会存在很大的需求差异。因此，企业还须同时依据其他因素进一步细分市场。

拓展案例

美国虎飞自行车公司根据地理因素把欧洲市场细分为如下子市场：

（1）俄罗斯和东欧市场。这些国家的自行车基本自给，仅进口高档自行车和赛车。

（2）英国市场。英国是自行车的创始国之一，名牌产品畅销世界各地。进入 20 世纪 80 年代以后，英国自行车行业的不景气使英国改变了原来自行车的生产体系，开始从日本、中国台湾以及其他发展中国家和地区购买零部件组装成车，以降低成本，提高产品竞争力。

（3）德国市场。德国是欧洲最大的自行车市场，其特点是：适销品种以 BMK 车和十速运动车为主；要求产品物美价廉；款式多变，从"10"到"28"，从低档到高档，从童车到赛车，品种齐全，重视安全；市场上出售的自行车必须符合国家安全标准，否则不准出售。

（4）意大利市场。意大利自行车制造业已有百余年的历史。随着收入的增加，童车和少年车成为越来越多家庭的必需品，运动车、折叠轻便车和旅游车需求量大幅增加。

2. 人口细分

人口细分指按人口变量，以性别、年龄、收入、职业与教育、家庭生命周期等为基础细分市场。人口细分是细分消费者市场最流行的依据。一是因为消费者的需要、欲望和使用率经常随人口变量的变化而变化，还有一个原因是人口变量比绝大多数其他变量更易衡量。消费者的需求、偏好与人口变量有着很密切的关系，如只有收入水平很高的消费者才可能成为高档服装、名贵化妆品、高级珠宝等的消费对象。企业经常以人口作为市场细分的重要依据。

（1）性别。由于生理上的差别，男性与女性在商品需求与偏好上有很大不同，在服饰、发型、生活必需品等方面均有差别。例如，美国的一些汽车制造商，过去一直是迎合男性需求设计汽车，随着越来越多的女性参加工作和拥有自己的汽车，这些汽车制造商正研究设计能吸引女性消费者的汽车。

（2）年龄。不同年龄的消费者有不同的需求，如青年人对服饰的需求与老年人的差异较大，青年人需要鲜艳、时髦的服装，老年人需要端庄素雅的服饰。

（3）收入。高收入消费者与低收入消费者在商品选择、休闲时间的安排、社会交际与交往等方面都会有所不同。例如，同是外出旅游，在交通工具以及食宿地点的选择上，高收入者与低收入者会有很大的不同。正因为收入是引起需求差异的一个直接而重要的因素，企业在诸如服装、化妆品、旅游服务等领域中根据收入细分市场是相当普遍的。

（4）职业与教育。这是指按消费者职业的不同，所受教育的不同以及由此引起的需求差别来细分市场。由于消费者的受教育程度不同，其审美具有很大的差异，如不同消费者对装修用品的颜色等会有不同的偏好。

（5）家庭生命周期。一个家庭的生命周期，按年龄、婚姻和子女状况，可被划分为七个阶段。在不同阶段，家庭成员对商品的需求与偏好会有较大差别。

拓展案例

美国虎飞自行车公司在进军北美市场时根据收入把北美市场细分为三个子市场。

（1）高档市场。该市场以高档赛车为主，约占北美市场销售额的 5%~10%，售价在 300~1200 美元。整个市场由英、美、日、德、意的几家大公司占领。

（2）中档市场。该市场占整个北美市场销售额的 45%，售价在 200~300 美元。这个细分市场上品种广泛，集中了世界大多数信誉良好的企业的产品。

（3）低档市场。该市场以 BMK 等低档童车为主，占整个北美市场销售额的 40%~45%。进入 20 世纪 80 年代以后，该市场逐渐被韩国、中国台湾的制造商所占领。市场内竞争激烈，价格不断下跌，致使一些厂商不得不撤出该区域而转向其他区域。市场售价一般在 50 美元以下，其中占该市场主要份额的 BMK 车价格在 70~80 美元。

3. 心理细分

按心理因素细分，即按照消费者的心理特征细分市场。主要包括社会阶层、生活方式、个性、态度等变量。

（1）社会阶层。社会阶层是指在某一社会中具有相对同质性和持久性的群体。处于同一阶层的成员具有类似的价值观、兴趣爱好和行为方式，不同阶层的成员则在上述方面存在较大的差异。很显然，识别不同社会阶层消费者所具有的不同特点，对于许多产品的市场细分将提供重要依据。

（2）生活方式。通俗地讲，生活方式是指一个人怎样生活。人们追求的生活方式各不相同，有的追求新潮时髦，有的追求恬静、简朴，有的追求刺激、冒险，有的追求稳定、安逸。例如，服装生产企业为"简朴的女性""时髦的女性"和"有男子气的女性"分别设计不同服装。

（3）个性。个性是指一个人比较稳定的心理倾向与心理特征，它会导致一个人对其所处环境做出相对一致和持续不断的反应。俗语说，"人心不同，各如其面。"每个人的个性都会有所不同。通常，个性会通过自信、自主、支配、顺从、保守、适应等性格特征表现出来。因此，个性可以按这些性格特征进行分类，从而为企业细分市场提供依据。在西方国家，有些企业对诸如化妆品、香烟、啤酒、保险之类的产品以个性特征为基础进行市场细分并取得了成功。

（4）态度。企业还可根据消费者对产品的热心程度来细分市场。不同的消费者对同一产品的态度可能有很大差异，如有的喜欢持肯定态度，有的习惯于持否定态度，还有的则处于既不肯定也不否定的无所谓态度。针对持不同态度的消费群体进行市场细分并在广告、促销等方面应当有所不同。

拓展案例

统一"鲜橙多"通过深度市场细分的方法，选择了追求健康、美丽、个性的年轻时尚女性作为目标市场，首先选择的是容量为 500 mL、300 mL 等外观精制适合随身携带的 PET 塑料瓶，而卖点则直接指向消费者的心理需求——"统一鲜橙多，多喝多漂亮"。其所有的广告、公关活动及推广宣传也都围绕这一主题展开。例如，在一些城市开展的"统一鲜橙多 TV-GIRL 选拔赛""统一鲜橙多阳光女孩"及"阳光频率统一鲜橙多闪亮 DJ 大挑战"等，无一不是直接针对以上群体，从而极大地提高了产品在主要消费人群中的知名度与美誉度。再看可口可乐专门针对儿童市场推出的果汁饮料"酷儿"，"酷儿"卡通形象的打造再次验证了可口可乐公司对品牌运作的专业性，相信没有哪一个儿童能抗拒"扮酷"的魔力，年轻的父母也对小"酷儿"的可爱形象大加赞赏。

4. 行为细分

按行为因素细分即按照消费者的购买行为细分市场。许多人认为，行为变量能更直接地反映消费者的需求差异，因而成为市场细分的最佳起点。按行为变量细分市场主要包括：

（1）购买时机。根据消费者提出需要、购买和使用产品的不同时机，将他们划分成不同的群体。例如，旅游公司可根据旅游高峰时期和非高峰时期消费者的需求特点划分不同的细分市场并制定不同的营销策略；生产茶之类清凉解暑饮料的企业，可以根据消费者在一年四季对饮料口味的不同，将该市场划分为不同的子市场。

（2）使用者状况。根据顾客是否使用和使用程度细分市场，通常可分为：经常购买者、首次购买者、潜在购买者和非购买者。大公司往往注重将潜在使用者变为实际使用者，较小的公司则注重于保持现有使用者，并设法吸引使用竞争产品的顾客转而使用本公司产品。

（3）使用数量。根据消费者使用某一产品的数量大小细分市场。通常可分为大量使用者、中度使用者和轻度使用者。大量使用者的人数可能并不很多，但他们的消费量在全部消费量中占很大比重。美国一家公司发现，美国 80% 的啤酒是被 50% 的顾客消费掉的，另外一半顾客的消耗量只占消耗总量的 20%。因此，啤酒公司宁愿吸引大量饮用啤酒者，而放弃轻度饮用啤酒者，并把大量饮用啤酒者作为目标市场。公司还进一步了解到大量喝啤酒的人多是工人，年龄在 25~50 岁，喜欢观看体育节目，每天看电视的时间为 3~5 小时。很显然，根据这些信息，企业可以大大改进其在定价、广告传播等方面的策略。

（4）品牌忠诚度。企业还可根据消费者对产品的忠诚度细分市场，将消费者划分为绝对品牌忠诚者、多品牌忠诚者、变换型品牌忠诚者和非品牌忠诚者。通过了解消费者品牌忠诚情况和品牌忠诚者与品牌转换者的各种行为与心理特征，不仅可为企业细分市场提供一个基础，同时也有助于企业了解为什么有些消费者忠诚于本企业产品，而另外一些消费者则忠诚于竞争企业的产品，从而为企业选择目标市场提供启示。

5. 受益细分

根据消费者追求的利益不同来细分市场的方法称为"受益细分"。消费者各自追求的具体利益不同，可能会被某种具有不同特性或特征的变异产品所吸引，因而可以细分为不同的消费者群。就是说，这里的一个个细分市场不是根据消费者的各种特点，而是在一种产品能够提供什么特殊效用、给购买者带来什么特定利益的基础上开发出来的。一个典型的例子是牙膏的营销，根据受益分析，牙膏市场显示出四个主要的细分市场，即特别关心口味、格外关注防止蛀牙、强调保持牙齿光洁、注重经济实惠四个消费者群。再一个例子是小轿车市场，高度耐用、高度可靠、速度更快、舒适、省油、维修方便经济、原始代价低、再卖出价值大等，都有可能成为不同购买者特别寻求的利益目标，这些受益目标也就可以作为细分小轿车市场的依据。当然，在这两个例子中，都会有相当一部分购买者同时追求一组连带的利益。

进行受益细分关键在于通过调研掌握消费者在某一类产品上追求的多种多样的预期利益。为此，细分活动要从调查一种产品的现有用户和潜在用户开始。调查的方向是他们使用各种品牌的产品得到了哪些益处，现有产品还欠缺哪些益处，什么样的产品特性可能被认为最能密切地和一种益处或一组连带的益处联系起来。然后，使自己生产的产品相应地突出紧密联系着某种（组）益处的某一特性，或者生产不同型号的一组产品，每种突出一种特性，并借助适当的广告宣传手段，反复宣传这些特性，最大限度地吸引某一消费者群或几个不同的消费者群。可见，这种调查分析不仅是企业进行受益细分的基础，对于以这种细分为起点制定整个市场营销组合方案也是极为重要的。

由于人们购买一种特定的产品时总要获取某种实实在在的益处（如购买一台具有静音特性的空调，是为了在享受空调的同时，减少噪音的干扰），受益细分能通行于大多数市场，在市场导向情况下具有广阔的适用范围。经验表明，顾客寻求的利益要比前几种因素更能准确地决定顾客行为。正因为如此，近些年来，在西方国家受到人们最大注意的细分依是受益细分。

（二）产业市场细分的依据

许多用来细分消费者市场的标准同样可用于细分产业市场，如根据地理、追求的利益和使用率等变量加以细分。不过，由于产业市场与消费者市场存在差别（如产业市场的购买者是产业用户，购买决策由专业人员做出，属于理性购买，受感情因素影响较少），所以除了运用前述消费者市场细分标准外，还可用一些新的标准来细分产业市场。

1. 最终用户标准

在产业市场上，不同的最终用户（或产品不同的最终用途）对同一种产品追求的利益不同，企业就可针对不同最终用户的不同需求制定不同的对策。例如，轮胎厂将整体市场划分为飞机用轮胎、汽车用轮胎、自行车用轮胎等。显然，飞机轮胎安全系数远高于汽车，而汽车又大大高于自行车。

2. 用户规模标准

在产业市场中，有的用户购买量很大，而另外一些用户购买量很小。所以，可以根据用户规模，将市场划分为大客户、中客户、小客户三类。以钢材市场为例，建筑公司、造船公司、汽车制造公司对钢材需求量很大，动辄数万吨地购买，而一些小的机械加工企业一年的购买量也不过几吨或几十吨。企业应当根据用户规模大小来细分市场，并且针对不同规模的用户或客户，企业的营销组合方案也应有所不同。比如，对于大客户，宜由企业客户经理亲自负责业务，直接联系，直接供应，在价格、信用等方面给予更多优惠；而对众多的小客户，则由外勤推销人员负责，宜使产品进入商业渠道，由批发商或代理商去组织供应。

3. 参与购买决策成员的个人特点

这是指参与购买决策成员的年龄、受教育程度、社会经历及所担负的职务等。这些因素会影响具体购买行为的不同。

4. 用户所处的地理位置

用户所处的地理位置包括所在地区、气候、资源、自然环境、交通运输和通信条件等。

需要指出，由于市场需求的复杂性和多变性，无论是消费者市场细分，还是产业市场细分，仅凭某单一标准就能达到目的的情形是很少见的，往往需要同时考虑几个因素才能成功。

三、市场细分的原则

寻找合适的细分标准对市场进行有效细分，在营销实践中并不容易。一般而言，有效的市场细分应该遵循以下基本条件。

（一）可衡量性

可衡量性是指细分的市场是可以识别和衡量的，即细分出来的市场不仅范围明确，而且其容量大小也能大致进行判断。

（二）可进入性

可进入性是指企业进行市场细分时，要考虑企业本身的实力、规模、经营状况等。细分市场中，必须有本企业能有效进入并为之服务的市场部分，否则细分就没有意义。

（三）可营利性

可营利性是指细分出来的市场需求有足够的需求量，足以使企业有利润。进行市场细分时，企业必须要考虑细分市场中的消费者的数量，如果容量过小，产品的销售量有限，这种细分就失去了价值。

（四）稳定性

稳定性是指细分市场必须具有相对的固定性，以保证企业有足够的时间实施营销方案去进入市场获得盈利。如果目标市场缺乏稳定性，变化过快，变化过大，可能会给企业经营带来很大的风险。

（五）差异性

差异性是指某种产品在整体市场中确实存在着购买与消费上的明显差异，而且细分市场后对企业营销组合策略中的任何要素的变化都能做出较为迅速灵敏的差异性反应。例如，肉食品、糕点等产品有必要按照民族来细分，但大米、食盐就没有必要按照民族来细分。如果各个细分市场的消费者需求不具有差异性，就没有细分市场的必要性了，因为同质市场没有细分价值，差异性原则在于确保企业产品开发和价格策略的针对性，向消费者提供差异化、个性化的产品。

四、市场细分的方法

企业在运用细分标准进行市场细分时必须注意以下问题：第一，市场细分的标准是动态的。市场细分的各标准不是一成不变的，而是随着社会生产力及市场状况的变化而不断变化的。第二，不同的企业在细分市场时应采用不同标准。因为各企业的生产技术条件、资源、财力和销售的产品不同，所采用的标准也应有区别。第三，企业在进行市场细分时，可采用一个标准，即单一变量因素细分，也可采用多个变量因素组合或系列变量因素进行市场细分。以下为几种不同的市场细分方法。

单一因素细分法

它是根据市场主体的某一因素进行细分。例如，按收入的高低来划分服装市场，按年龄的大小来划分玩具市场等。这种划分比较简单易行，但是消费者或用户的需求很少只受单一因素的影响，往往受多种因素的影响。例如，服装企业按照性别细分市场可分为男装、女装；按气候不同可分为春装、夏装、秋装、冬装。

（二）系列因素细分法

它是指为了使细分市场更有效、更切合实际，往往需要使用多种因素为标准，利用多因素组合来进行市场细分，由粗到细，由浅入深。例如，对服装市场进行细分，就可以利用与服装关系最密切的地区、性别、年龄、个人收入等因素作为划分的标准。例如，服装市场根据地理变量可分为农村和城市，如选择城市市场作为目标市场还可用人口变量年龄来进行划分为儿童服装、青年服装、老年服装，如选择青年作为目标市场还可以用经济因素变量来细分为高、中、低收入等等确定服装档次。

（三）综合因素法

综合因素法是根据影响消费者需求的两种或两种以上的因素进行市场细分。该方法的核心是并列多种因素进行分析，所涉及的各种因素没有先后顺序和轻重之分。例如，根据消费者年龄、性别和收入三种因素可以将男性服装市场划分为若干个具有不同需求的细分子市场。

思考

如果根据消费者年龄、性别和收入将服装市场细分，可以细分为多少个子市场？

五、市场细分的程序

市场细分的程序主要有七个步骤：

（1）选定产品市场范围，即确定进入什么行业，生产什么产品。

产品市场范围应以消费者的需求而不是产品特征来确定。例如，某一房地产公司打算在乡间建造一幢简朴的住宅，若只考虑产品特征，该公司可能认为这幢住宅的出租对象是低收入消费者，但从市场需求角度看，高收入者也可能是这幢住宅的潜在消费者。因为高收入者在住腻了高楼大厦之后，恰恰可能向往乡间的清静，从而可能成为这种住宅的消费者。

（2）列举潜在消费者的基本需求。

例如，公司可以通过调查，了解潜在消费者对上述住宅的基本需求。这些需求可能包括安全、方便、安静、设计合理、工程质量高等。

（3）了解不同潜在消费者的不同需求。

对于列举出来的基本需求，不同消费者强调的侧重点可能会有所不同。例如，安全是所有消费者的共同需求，但有的消费者可能更重视生活的方便，有的消费者则对环境、内部装修等有很高的要求。通过这种差异比较，不同的消费者群体即可初步被识别出来。

（4）剔除潜在消费者的共同需求，而以特殊需求作为细分标准。

上述所列购房的共同需求固然重要，但不能作为市场细分的基础，如安全是每位消费者的需求，就不能作为细分市场的标准，因而应该被剔除。

（5）根据潜在消费者的基本需求差异，将其划分为不同的群体或子市场，并为每一子市场命名。

例如，西方房地产公司常把购房的消费者分为好动者、老成者、新婚者、度假者等多个子市场，并据此采用不同的营销策略。

（6）进一步分析每一个细分市场的需求与购买行为特点，并分析其原因，以便在此基础上决定是否可以对这些细分出来的市场进行合并，或做进一步细分。

（7）估计每一细分市场的规模，即在调查基础上，估计每一细分市场的消费者数量、购买频率、平均每次的购买数量等，并对细分市场上的产品竞争状况及发展趋势做出分析。

拓展案例

少儿百科全书市场细分正流行[①]

近年来，少儿百科类图书因为契合了国人求全、实用的购买心理，一直具有相对平稳的市场空间，不管价格如何，"望子成龙、望女成凤"的家长们大都会给孩子买上一本从小学可以用到高中的百科全书。家长们这种"一次投资、终身受益"的购买心理一度造就了少儿百科图书市场的繁荣。

一、原创与引进共创纷繁局面

在目前已有的原创少儿百科类图书中，浙江教育出版社出版的《中国少年儿童百科全书》是最为成功的一套。该书出版于1991年4月，迄今为止印数已经突破160万套，是一套名副其实的双效图书。此外，上海少儿出版社出版的《少年科学小百科》也取得过很好的市场业绩；吉林美术出版社出版的《新世纪少儿百科》特别考虑到了低幼龄读者的阅读能力，语言

[①] 李阳，林玉贞，吴吉明. 市场营销策划理论与实务[M]. 北京：北京理工大学出版社，2018.

通俗，配图活泼，是原创类百科图书中销量较好的一套，曾获得吉林省图书最高奖——"长白山优秀图书奖"。

然而，并非所有的原创少儿百科全书都这么幸运，有的不仅没有给出版者带来效益，反而带来了损失。究其原因，这些图书多为仓促之作，在内容的设计和语言的表达方面略显粗糙，跟风和重复的味道较浓，互相模仿的痕迹很明显。

由于编制少儿百科的周期一般比较长，因此许多出版社便瞄向了版权引进这条捷径。在引进版的少儿百科全书中，湖南少年儿童出版社出版的《儿童百科全书》（不列颠版）是早期较为成功的一个案例。该书出版于1989年4月，截至1996年8月其印数已超过11万套。该书第一版的定价仅40元，到1996年提高到每套60元，每印张的定价不到0.9元。1998年，辽宁教育出版社从牛津大学出版社引进了颇为有名的《牛津少年儿童百科全书》，并根据市场的不同定位出版了定价860元和280元的两个版本。两个版本内容一致，只不过前一版采用的是铜版纸四色印刷，而280元的经济型版本则迎合了普通读者的需求。截至目前该书已经售出了3万套，是引进版里销售势头良好的一套少儿百科全书。

引进国外版少儿百科全书的优势为：国外少儿百科全书的编制已经很成熟，版本繁多，选择余地大，而且引进版权的费用不高，比原创成本要低。但是，国外最新的少儿百科全书类读物也有其局限性：一是虽然其制作精美，但成本高，投入大；二是有些内容不太适合中国的读者，对中国的孩子缺乏吸引力；三是其版权来源大多为国外的少数几家出版社。

二、市场细分寻求深度发展

随着竞争的加剧和市场的进一步细分，目前少儿百科全书细分市场在出版方向上出现了"大而全""中而专""小而便"的趋势。

（1）"大而全"。中国大百科全书出版社推出的《中国儿童百科全书》、辽宁教育出版社出版的《牛津少年儿童百科全书》、团结出版社出版的《大不列颠少儿百科》、四川辞书出版社出版的《新世纪少年儿童百科全书》均属此类情况。它们既强调知识的权威性和全面性，又重视图片对儿童阅读兴趣的调动，还突出其工具书的查考功能和实用特色。

（2）"中而专"。一些出版社将少儿百科全书转向某一单独学科知识的纵深方向发展，如明天出版社出版的《中国少年儿童军事百科全书》、湖北教育出版社出版的《少儿动物百科》、湖南少年儿童出版社出版的《恐龙百科》等，均在读者中引起了一定的反响。

（3）"小而便"。这是指把知识点的散布从集中描述汇聚为百科全书式的知识架构。此类百科全书的代表有中国纺织出版社出版的《袖珍趣味百科丛书》（48开）、湖南少年儿童出版社出版的《小口袋大世界丛书》（40开）等，其吸引读者的一个重要方面就在于它是拆散成可以装在口袋里的小开本百科全书，非常便于读者的阅读和携带。这几套丛书每本只讲述一个知识点，在讲述知识时特别注意趣味性，将严肃的科学知识和有趣的人文知识相结合，试图在少儿百科全书走近读者方面做些开创性的实验，开辟出一条新路。

市场细分是一个富有层次的范畴，也预示着少儿百科全书类读物的出版层次性将更加明晰。

其实，内容细分只是少儿百科全书类读物走近读者的一个方面，这类读物走近读者还有很多方面：表达形式更具趣味性；装帧设计更强调插图的作用，甚至变文配图为图配文；开本由16开一统天下向各类开本转变，小开本图书成了百科读物市场的新宠儿。一句话，"拿得起、读得懂、喜欢读"将成为未来百科全书的新常态。

任务二 目标市场选择

一、目标市场的概念

目标市场营销,即企业识别各个不同的购买者群,选择其中一个或几个作为目标市场,运用适当的市场营销组合,集中力量为目标市场服务,满足目标市场需要。企业的一切营销活动都是围绕目标市场进行的。选择和确定目标市场,明确企业的具体服务对象,关系到企业任务、企业目标的落实,是企业制定营销战略的首要内容和基本出发点。简单来说,目标市场就是企业选择为之服务的对象。

之前我们学习了市场细分的内容,那目标市场与市场细分之间的关系是什么呢?其实市场细分是选定目标市场的基础,选择目标市场是市场细分的归宿。

二、目标市场选择模式

通过对有关细分市场进行评估,企业会发现一个或几个值得进入的细分市场。这时,企业需要进行选择,即决定进入哪个或哪几个细分市场。企业选择目标市场模式主要有五种类型,如图4-1所示。图中 P1、P2、P3 代表不同档次、规格的产品,M1、M2、M3 代表不同的细分市场。

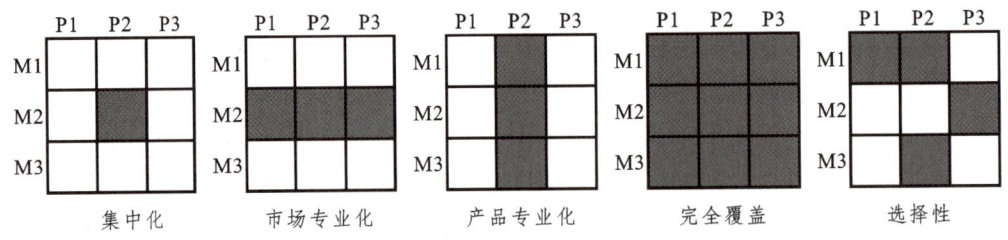

P1P2P3代表企业向市场提供的不同产品
M1M2M3代表企业所服务的不洞细分市场

图 4-1 市场选择模式

(一)产品市场集中化

产品市场集中化的具体内容是:企业的目标市场无论从市场(顾客)或是从产品角度,都是集中于一个细分市场。这种策略意味着企业只生产一种标准化产品,只供应某一顾客群。较小的企业通常选择这类市场。

（二）市场专业化

市场专业化指企业面向某一子市场、以多种产品满足其需要。例如，一些电器企业专门生产家用电冰箱、电视机衣机等，以满足家庭对各种电器的需要。这一策略可以充分利用企业资源，扩大企业影响，分散经营风险。不过，一旦目标顾客购买力下降，或减少购买开支，企业收益就会明显下降。

（三）产品专业化

产品专业化即企业向各类顾客同时供应某种产品。当然，由于面对不同的顾客群，产品在档次、质量或款式等方面会有所不同。

（四）完全覆盖

这种策略适用于实力比较强大的大型企业，即企业用多种策略和产品来满足不同的细分市场，为各类消费群体提供有差异的产品，以此达到全面占领市场的目的。比如，著名的美国宝洁公司面对洗发水市场即采用该策略，可口可乐公司面对饮料市场也同样采取完全覆盖营销策略。

（五）选择性专业化

选择性专业化即企业同时生产不同类型和规格的产品，来满足不同类型消费者的需求。这种方法需要选择若干个细分市场，并且每个细分市场都有比较充分的吸引力且符合企业自身资源条件。使用该种方法选择市场时一定要慎重。由于所选择的细分市场都相对独立，关联性较低，该方法可以分散企业的风险，有较为充足的回旋余地，即便是某个市场失去吸引力，企业也可在其余市场获利。

三、目标市场营销策略

（一）无差异性市场营销策略

无差异性市场营销策略是企业将整体市场均视为目标市场，用单一的营销策略开拓市场，即用一种产品和一套营销方案吸引尽可能多的消费者，如图 4-2 所示。

无差异营销
(Undifferentiated Marketing) 营销组合 → 整个市场

图 4-2　无差异营销策略

这种策略不需要进行市场细分，把整体市场都看成目标市场来进行服务。它关注需求的共同性，忽略差异性，只求满足大多数消费者的共同需求。

因为企业所设计的产品和营销方案都是针对大多数顾客的，所以它适用于顾客需求大致相同的产品，如自来水、电、煤气等，能够大量生产、大量销售的产品。

该策略的优点是：由于是大批量、规模性生产同一产品，具有成本的经济性，同时也取得规模效应。因为产品营销方式单一，同时进行大量生产和经营，节省了生产和经营费用，降低了销售成本，提高了利润率，从而实现了规模经济效益。例如，美国可口可乐饮料公司在长达近一个世纪的时间里，由于拥有世界性专利，只生产一种口味、一样大小、一种形状的瓶装"可口可乐"，面向全世界的市场，并长期统治世界饮料市场。

该策略的缺点也是很明显的，由于注重消费者的共同需求，而忽略更多消费者需求的差异性，导致生产的产品相对单一，经营风险较大，回旋余地弱。如果多数企业在一个市场上同时采用无差异市场营销策略将会导致竞争激化，利润率将下降甚至亏本。其实消费者的需求客观上存在着千差万别并且不断变化，世界上一些曾经长期实行无差异营销策略的企业也转变策略，实行差异化营销策略。

（二）差异性市场营销策略

差异性市场营销策略是企业将整体市场根据消费者需求的差异性划分为两个或两个以上的子市场作为目标市场，并且针对不同的细分市场分别设计独立的产品和营销方案，如图 4-3 所示。

差异营销
(Differentiated Marketing)

营销组合1	→	细分市场1
营销组合2	→	细分市场2
营销组合3	→	细分市场3

图 4-3　差异营销策略

该策略的优点是小批量、多品种，生产机动灵活、针对性强，能够更好地满足消费者需求，多品种的生产可以使企业产品总销量增加，从而提高企业产品的市场占有率。一旦在几个细分市场中获得成功，就可提高企业的形象及市场占有率，提高企业声誉，树立良好的企业形象。由于进入多个细分市场，这在一定程度上降低了企业的经营风险，能够做到"东边不亮西边亮的特点"。例如，美国可口可乐饮料公司作为软饮料市场领导者，为了迎合满足更多消费群体，除生产传统可口可乐碳酸饮料外，还开发瓶装水（如冰露、纯悦、水森活等）、碳酸饮料（如雪碧、芬达等）、果汁饮料（如美汁源）等不同产品。

该策略的缺点也很明显，首先是企业成本增加。由于涉及多个细分市场，每个细分市场都要有特定的产品与营销策略，产品小批量生产，也不能形成较大的规模经济效益，且每个市场都要大量投入来进行运作，所以投资成本较大。企业资源不能有效集中，导致顾此失彼，甚至在企业内部出现彼此争夺资源的现象，使企业重点产品难以成为优势。其次就是营销活动复杂化。采用这种策略受企业资源和能力的制约比较大，要有比较雄厚的财力、较强的技术力量和较高的营销人员素质，这是实行差异化营销策略的必要条件。这就使得相当一部分资源实力相对较弱的中小型企业无力采用这种策略。

（三）集中性市场营销

集中性市场营销策略就是企业选择一个或几个子市场作为目标市场，制定一套营销方案，集中力量在这些子市场上占有大份额，而不是在大市场上占有小份额，如图 4-4 所示。

```
    集中营销                      →   细分市场1
(Concentrated Marketing)  营销组合      细分市场2
                                      细分市场3
```

图 4-4　集中营销策略

集中性市场营销策略也称为密集性营销策略。例如，针对面对女性市场，可专门开发满足孕产妇需求的产品为之服务。集中性营销策略的指导思想是：与其四处出击收效甚微，不如突破一点取得成功。这一策略特别适合于资源力量有限的中小企业。中小企业受到资源、人员、财力等各种限制，它就可以集中力量生产销售某一种有特色、市场需求量较大的新产品，这样成功的可能性更大一些。

集中性市场营销策略的优点是：由于资金占用少、周转快、成本费用相对较低，能取得良好的经济效益，也因为易于满足特定需求有助于提高企业与产品在市场上的知名度。后期如果有机会，还可继续扩大市场。也可以说，寻找"市场空隙"来进行集中性营销，创造利于自身成长的"小气候"，是企业变劣势为优势的一项选择。

集中性市场营销策略的缺点：(1) 有一定的局限性，主要是市场区域相对比较小，企业发展受到一定的限制；(2) 有一定风险，一旦目标市场情况发生变化，如市场上出现了更为强劲的竞争对手，或者市场上出现了更有吸引力的替代品，消费者需求发生变化，回旋余地较小，这或将使企业陷入困境。

将以上三种目标市场策略进行比较，如图 4-5 所示。

三种不同目标市场策略比较

	无差异性营销策略	集中性营销策略	差异性营销策略
图形说明	○○○○○ ○○○○○ ○○○○○ ○○○○○ ○○○○○	○○◇□ ○○⬠□ ○○◇□ ○○⬠□ ○○◇□	○○◇□ ○○⬠□ ○○◇□ ○○⬠□ ○○◇□
目标市场	广泛的消费者	一组精心选择的消费者	两组或更多精心选择的消费者
产品/服务	同一品牌的产品，种类有限，以之面对所有消费者	一种品牌专门针对该组消费者	不同的品牌，以此针对各个消费者群体
销售渠道	所有可能的销售网点	所有适合的网点	按细分市场分别确定所有适合的网点
价格	一个"众所周知"的价格范围	针对特定的一组消费者制定一个价格范围	针对各个不同消费者群体制定不同的价格范围
策略重点	以统一、广泛的市场营销组合来吸引大量的消费者	高度专门化，但以同一的市场营销组合来吸引一组特定的消费者群体	通过不同的市场营销组合来满足各个细分市场，以此吸引两组或更多的消费者群体

图 4-5　三种目标市场策略比较

四、目标市场策略选择应考虑的因素

（一）企业资源或实力

当企业生产、技术、营销、财务等方面实力很强时，可以考虑采用差异性或无差异性市场营销策略服务于整体市场；当资源有限、实力不强时，应该把更多有限资源聚于一个或少数几个细分市场，开展集中性市场营销，集中精力服务于目标市场往往效果会更好。

（二）产品同质性

产品同质性是指在消费者眼中，不同企业生产的产品的相似程度。对于大米、食盐、钢铁等产品，尽管每种产品因产地和生产企业的不同会有些许差别，但消费者可能并不十分看重，此时，竞争将主要集中在价格上。对于这样的产品，适合采用无差异市场营销策略。对于服装、化妆品、汽车等产品，由于在型号、样式、规格等方面存在较大差别，产品选择性强，同质性较低，因而更适合采用差异性或集中性市场营销策略。

（三）市场同质性

市场同质性是指各细分市场在消费者需求、购买行为等方面的相似程度。市场同质性高，意味着各细分市场相似程度高，不同消费者对同一营销方案的反应大致相同，此时，企业可考虑采取无差异市场营销策略。反之，则适宜采用差异性或集中性市场营销策略。

（四）产品所处的生命周期阶段

产品的市场生命周期，包括投入期、成长期、成熟期、衰退期等阶段。当产品处于投入期、同类竞争者不多、市场竞争不激烈时，企业可采用无差异性市场营销；当产品进入成长期或成熟期、同类产品增多、市场竞争激烈、消费者需求向纵深发展时，企业可采用差异性市场营销策略以满足不同消费者的需求；当企业进入衰退期后、开始收缩市场时，企业可采用集中性市场营销策略。

（五）竞争者的市场营销策略

企业选择市场营销策略时，还要充分考虑竞争者尤其是主要竞争者的市场营销策略。如果竞争者采用差异性市场营销策略，企业应采用差异性或集中性市场营销策略与之抗衡；如果竞争者采用无差异市场营销策略，则企业可采用无差异或差异性市场策略与之对抗。

（六）竞争者的数量

当市场上同类产品的竞争者较少、竞争不激烈时，企业可采用无差异市场营销策略；当竞争者多、竞争激烈时，可采用差异性或集中性市场营销策略。

拓展案例

假日酒店的差异化策略

假日酒店集团在半个多世纪的成长过程中，创造了酒店业的神话，成就了世界上第一家达规模 10 亿美元的酒店集团。该集团在为旅客提供"假日标准"服务和设施的基础上，针对不同目标市场推出不同的服务重点。

（1）皇冠假日酒店：位于世界各大主要城市，为旅客提供极为舒适的服务和设施。

（2）假日快捷酒店：不设餐厅、酒吧和大型会议设施，但提供"假日标准"的舒适服务。

（3）庭院假日酒店：在提供"假日标准"的同时，更体现酒店所在地的特色和风情。

（4）阳光度假村：重视为旅行者提供休闲、娱乐设施，强调舒适享受和全面的酒店服务。

（5）假日精选酒店：专为喜欢传统人文环境的商务客人设计，以提供全面、快速的商务服务为特点的酒店。

（6）假日套房酒店：专为长久居住的客人和追求宽阔的工作及休闲空间的客人设计。

任务三　市场定位

企业一旦选择了目标市场，就要在目标市场上进行产品的市场定位。市场定位是企业全面战略计划中的一个重要组成部分，它关系到企业及其产品如何与众不同，与竞争者相比有多么突出。

引入案例

哈根达斯，"情侣专用"[①]

哈根达斯是1989年从欧洲起步的高档冰激凌制造商，它的价格比普通冰激凌贵5～10倍，比同档次产品贵30%～40%。在美国本土，哈根达斯是和路雪同档次的品牌，但在我国，迄今为止，没有任何同档次品牌可与它相比。

在我国市场上，要论价格，哈根达斯毫无优势可言。它一般的冰激凌球都是30元左右，"冰火情缘"火锅一般在120～160元，单种饮料一般在60～70元。但哈根达斯通过独特的营销策略，在我国做成了高端冰激凌品牌，并且做得深入人心，甚至成为某种生活标志。高端的消费阶层固然是它的忠实顾客，同时中低端的消费者也被它所吸引，一旦有了闲钱，也会"奢侈"一把。哈根达斯硬生生地在已经成熟的冰激凌市场挖了一块地，其"奢侈品"营销手段成为业内经典案例。

哈根达斯在品牌进入的44个国家中走的都是"极品餐饮冰淇淋"路线，采取的全部是高定价策略，此招正是依据了营销学的两条经典理论：品质较高的产品，价格可以不成比例地提高；定价较高的产品，则会使消费者认为产品的品质较高。瑞士名表也同样如此，售价逾万元的产品的确让人难以怀疑其不是高品质。

奢侈商品追求的是1%甚至更少的精英人群，他们制定的高价营销策略也只有这部分人能够享用，因为他们和奢侈品制造商们在卖货和买货的同时，都在高呼"奢侈无罪"。

对于时尚产品、奢侈品来说，高价格本身就是让产品突出重围的武器。哈根达斯和普通的冰淇淋品质上有多少区别呢？我们知道在国外，哈根达斯其实只是中档品牌，然而在我国它却成了非常高端的品牌，为什么会这样呢？这主要是因为哈根达斯进入我国以后，奉行了高价锐利化策略。

为了实施高价锐利化策略，哈根达斯最经典的动作之一，就是给自己贴上了爱情标签，由此吸引恋人们频繁光顾。在某年的情人节，哈根达斯把店里店外布置得柔情蜜意，不但特别推出由情人分享的冰淇淋产品，而且还给来此的情侣们免费拍合影照，让他们对哈根达斯从此"情有独钟"。

针对我国市场的情况，哈根达斯如果沿袭国外的中档定位，在没有渠道和终端优势的情况下，这无疑是吃力不讨好的事情。哈根达斯遂采取了高价位，配合高价位，它将产品定位

[①] 谢文辉. 成功营销：60个经典营销寓言故事[M]. 北京：民主与建设出版社，2004.

于"情侣专用"的冰淇淋。当哈根达斯和爱情结成"盟友"的时候，它的高价格让它迅速突出重围，成为顶级产品。

一、市场定位概念

1969年，杰克·特劳特（Jack Trout）发表论文《定位：同质化时代的竞争之道》，首次将"定位"的概念引入商业领域。1970年，菲利普·科特勒（Philip Kotler）将定位概念引入到营销理论之中。1981年，艾·里斯（AI Rise）与杰克·特劳特共同出版了学术专著《定位》，使"定位"很快成为营销理论构架中最富有价值的战略思想之一。2001年，"定位"理论力压菲利普·科特勒的营销管理及顾客让渡价值理论、迈克尔·波特（Michael E. Porter）的竞争优势理论、罗瑟·瑞夫斯（Rosser Reeves）的独特的销售主张（USP）理论等，被美国营销学会（AMA）评为有史以来对美国营销影响最大的观念。

那什么是市场定位呢？市场定位就是在信息传播过度的社会，企业市场营销人员通过强调自身产品的差异性，将自己与竞争对手区分开来，以在消费者心目中确立起不可替代的地位与印象，最终在竞争中获得优势。

市场定位是塑造一种产品在市场上的适当位置，这种位置取决于与竞争者的产品相比，消费者或用户怎样认识这种产品。

这就表明，市场定位是通过为自己的产品创立鲜明的特色或个性，从而塑造出独特的市场形象来实现的。产品的特色或个性，有的可以从产品实体上表现出来，如形状、成分、构造、性能等；有的可以从消费者心理上反映出来，如豪华、朴素、时尚、典雅等；有的表现为价格水平；有的表现为质量水准，等等。企业在进行市场定位时，一方面要了解竞争对手的产品具有何种特色，另一方面要研究顾客对该产品的各种属性的重视程度（包括对实物属性的要求和心理上的要求），然后根据这两方面进行分析，再选定本企业产品的特色和独特形象。至此，就可以塑造出一种消费者或用户将之与别的同类产品联系起来而按一定方式去看待的产品，从而完成产品的市场定位。

需要强调的是，市场定位中所指的产品差异化与传统的产品差异化概念有本质的区别，它不是从生产者角度出发单纯追求产品的变化，而是在对市场分析和细分化的基础上，寻求建立某种产品特色，因而它是现代市场营销观念的体现。

二、市场定位的过程

企业的市场定位一般可通过三个步骤来完成，如图4-6所示。

明确潜在的竞争优势 → 选择相对的竞争优势 → 传达独特的竞争优势

图 4-6 市场定位的过程

（一）明确潜在的竞争优势

这一步骤的中心任务是要回答三大问题：一是竞争对手的产品定位如何；二是目标市场上顾客的欲望满足程度如何且还需要什么；三是针对竞争者的市场定位和潜在顾客真正需要

的利益，要求企业应该和能够做什么。要回答这三个问题，企业市场营销人员必须通过一切调研手段，系统地设计、搜索、分析并报告上述问题有关的资料和研究结果。通过回答上述三个问题，企业就可从中把握和确定自己的潜在竞争优势在何处。

（二）选择相对的竞争优势

相对的竞争优势是指企业能够胜过竞争者的能力。有的是现有的，有的是具备发展潜力的，还有的是可以通过后期努力创造的。简单来说，相对的竞争优势是企业能够比竞争者做得更好的方面。准确地选择相对竞争优势就是一个企业在各方面的实力与竞争者的实力比较的过程。比较的指标应是一个完整的体系，只有这样，才能准确地选择相对竞争优势。通常的方法是分析，比较企业与竞争者在下列七个方面究竟哪些是强项，哪些是弱项。

（1）经营管理方面。主要考察领导能力、决策水平、计划能力、组织能力以及个人应变的经验等指标。

（2）技术开发方面。主要分析技术资源（如专利、技术诀窍等）、技术手段、技术人员能力和资金来源是否充足等指标。

（3）采购方面。主要分析采购方法、存储及运输系统、供应商合作以及采购人员能力等指标。

（4）生产方面。主要分析生产能力、技术装备、生产过程控制以及职工素质等指标。

（5）市场营销方面。主要分析销售能力、分销网络、市场研究、服务与销售战略、广告、资金来源以及市场营销人员的能力等指标。

（6）财务方面。主要考察长期资金和短期资金的来源、资金成本、支付能力、现金流量、财务制度与人员素质等指标。

（7）产品方面。主要考察可利用的特色、价格、质量、支付条件、包装、服务、市场占有、信誉等指标。

通过对上述指标体系的分析与比较，选出最适合本企业的优势项目。

许多公司往往热衷于"世界级水准"和"表现卓越"，试图在方方面面都有突出的表现，但却失去了自己的特色。弗雷德·克劳福德和瑞安·马修斯两位美国人通过对世界著名成功企业的研究，总结出它们成功的共同特征，即产品稳定、价格诚实、距离便利（易接近）、独特体验和服务践诺。调查结果显示：最出色的公司也只是在五个属性中的一个上有绝对优势，在另一个上保持领先，而在其他三个属性上保持平均水平。因而，企业真正要做的就是选择把哪一个属性做得最出色，把另一个属性做得优秀，而把其余三个属性做成平均水平。这个过程就是市场定位的过程。王老吉的成功在于"预防上火"的市场定位，星巴克的成功在于独特体验，而实际上它们的产品与同行并没有本质的不同。

（三）传达独特的竞争优势

有人曾经问比尔·盖茨成功的原因，比尔·盖茨说："企业成功的秘诀是定位、定位、再定位！宣传、宣传、再宣传！"对于企业来说，第一是要找到定位，第二要不断地去强化这一定位。这样，才能被顾客所牢记，并在需求产生时首先想到进而购买其产品或服务。比如，鲁花花生油——"创新的5S纯物理压榨工艺"。它选择中央电视台作为传播平台，向消费者反复灌输这一产品特点，在消费者心目中一提到"鲁花花生油"首先想到的就是它的"5S 压榨工艺"，向消费者输出鲁花花生油"纯香、健康"的良好印象，通过特定的定位竞争优势，最终成为花生油细分市场的市场领导者。

三、市场定位的方法

各个企业经营的产品不同，面对的消费者不同，所处的竞争环境也不同，因而市场定位所依据的方法也不同。总的来讲，市场定位的方法主要有以下四种。

（一）根据具体的产品特点定位

构成产品内在特色的许多因素都可以作为市场定位的依据，如所含成分、材料、质量、价格等。例如，"七喜"汽水的定位是"非可乐"，强调它是不含咖啡因的饮料，与可乐类饮料不同；"泰宁诺"止痛药的定位是"非阿司匹林的止痛药"，显示其药物成分与以往的止痛药有本质的差异。

（二）根据特定的使用场合及用途定位

为老产品找到一种新用途，是为该产品创造新的市场定位的好方法。例如，"脑白金"本是一种保健药品，可是企业将其定位为礼品，取得了好的销售效果，其打造的广告语也深入人心——"今年过年不收礼，收礼只收脑白金"。这是根据产品的特定用途定位的。

（三）根据消费者得到的利益定位

产品提供给消费者的利益是消费者最能切实体验到的，也可以作为定位的依据。宝洁公司旗下不同品牌的定位均不同：海飞丝——去屑，潘婷——营养滋润，飘柔——柔顺，沙宣——定型专业。世界上各大汽车企业的定位也各有特色，如劳斯莱斯的定位是豪华气派，丰田的定位是物美价廉，沃尔沃的定位则是结实耐用。

（四）根据使用者类型定位

企业常常试图将其产品指向某一类特定的消费者，以便根据这些消费者的看法塑造恰当的形象。美国米勒啤酒公司曾将其原来唯一的品牌"高生"啤酒定位于"啤酒中的香槟"，吸引了许多不常饮用啤酒的高收入女性。后来发现，在其所有消费者中，占 30% 的狂饮者购买啤酒的数量约占其总销量的 80%。于是，该公司通过使用者类型定位，改变营销策略，从而成功占领啤酒狂饮者市场达 10 年之久。

四、掌握市场定位的方式

定位是一种竞争策略，它显示了一种产品或一家企业同类似的产品或企业之间的竞争关系。定位方式不同，竞争态势也不同，一般定位分为三种方式。

（一）迎头定位

迎头定位是一种对抗性定位，是指企业选择在目标市场上与现有的竞争者靠近或重合的市场定位，与竞争对手争夺同一目标市场的消费者。迎头定位有时会是一种危险的战术，但不少企业认为这是一种更能激励自己奋发上进的可行的定位尝试，一旦成功就会取得巨大的市场优势。此类定位，企业必须具备以下条件：（1）能比竞争者生产出更好的产品；（2）该市场容量足以吸纳两个以上竞争者的产品；（3）比竞争者拥有更多的资源和更强的实力。例如，百事可乐针对可口可乐的定位，肯德基针对麦当劳的定位等，即是如此定位。

（二）避强定位

这是一种避开强有力的竞争对手进行市场定位的战略。企业不与对手直接对抗，将自己置于某个市场的"空隙"，发展目前市场上没有的特色产品，拓展新的市场领域。

其定位的优点是企业能够迅速在市场上站稳脚跟，并在消费者心中快速树立起良好形象。这种定位方式市场风险较小，成功率比较高，常常为多数企业所采用。例如，饮料市场中很多饮料都以"营养"为定位目标，红牛则将自身定位为"困了、累了，喝红牛"，把红牛作为功能型饮料，打开了饮料市场的另外一片天地。

（三）重新定位

重新定位通常是指对那些销路少、市场反应差的产品进行二次定位。初次定位后，随着时间的推移，新的竞争者进入市场，选择与本企业相近的市场位置，致使本企业原来的市场占有率下降或者由于消费者需求、偏好发生转移，原来喜欢本企业产品的人转而喜欢其他企业的产品，因而市场对本企业产品的需求减少。在这些情况下，企业就需要对其产品进行重新定位。很明显，重新定位是企业为了摆脱经营困境，重新获得增长与活力。不过，重新定位也可作为一种战术策略，企业选此定位方式并不一定是陷入了困境，相反，可能是发现了新的产品市场。例如，凉茶本是我国南方地区的一种解暑药茶，王老吉公司将其成功包装，定位为预防上火的饮料，从而使销量大增，企业获得了丰厚的利润。

拓展案例

宝马与奔驰的定位[1]

宝马最初是奔驰的发动机供应商，后延伸到制造整车，与奔驰直接竞争，但始终无法撼动奔驰在忠诚顾客心目中的品牌地位。宝马一度经营困难，曾经两次濒临破产，直到20世纪70年代才一举扭转败局。宝马发现，奔驰是经典的高端车，定位于成功人士，不断地强化自身"经典、豪华、稳重、含蓄"的定位。但奔驰的主体顾客逐渐老去，市场上新生代的消费群体开始出现，他们要么是"富二代"，要么是自己创业而年轻有为的一群人。这群人叛逆、自我、喜欢自我掌控命运，与奔驰的主体顾客在价值观和生活方式上都完全不同。这给了宝马切入市场的机会。宝马为新一代高端人群创造了高端车，并围绕这个群体安排整体营销策略，获得了高速发展，最终成为奔驰的强劲竞争对手。

---

[1] 谢文辉. 成功营销：60个经典营销寓言故事[M]. 北京：民主与建设出版社，2004.

实训五　案例分析

一、阅读案例

东方网消息：近日，一位业内人士私下告诉记者，继去年一家颇有名气的商务英语培训机构销声匿迹后，北京另一家小有名气的商务英语培训机构，也因效益不佳，正寻求转让。据记者了解，商务英语培训市场不景气，在业内早已是公开的秘密。

二、分析讨论

什么原因导致商务英语培训市场越做越"凉"？

三、营销实训

（1）实训题目：目标市场战略的实际运用。

（2）实训任务：假如你毕业后打算从事个体经营，围绕你所从事的行业，从市场细分、目标市场选择和市场定位三个方面进行筹划。如果你不打算从事个体经营，则选择你所感兴趣的一个行业进行分析。

四、实训步骤与要求

（1）根据商品类别，将学生分为几个小组，选取一位同学为组长来协调实训过程。任课教师实时指导。

（2）选择你所感兴趣的行业进行分析。

（3）以小组为单位来进行分析、讨论。

（4）各小组提交一份分析报告，课堂评价各小组实训报告。

习 题

一、单选题

1. 细分市场是由类似的（　　）组成的。
   A. 产品　　　　　　　　　　　B. 行业
   C. 消费者群体　　　　　　　　D. 公众
2. 某工程机械公司专门向建筑业用户供应推土机、打桩机、起重机、水泥搅拌机等建筑工程中所需要的机械设备，这是一种（　　）策略。
   A. 市场集中化　　　　　　　　B. 市场专业化
   C. 全面市场覆盖　　　　　　　D. 产品专业化
3. 市场细分的客观基础是（　　）。
   A. 需求的差异性　　　　　　　B. 需求的同质性
   C. 需求的客观性　　　　　　　D. 需求的有效性
4. 采用无差异性营销战略的最大优点是（　　）。
   A. 市场占有率高　　　　　　　B. 成本的经济性
   C. 市场适应性强　　　　　　　D. 需求满足程度高
5. 某制鞋厂选择青年这一群体作为目标消费群体，向他们提供所需的各类款式的皮鞋，这种策略属于（　　）。
   A. 产品市场集中化　　　　　　B. 选择性专业化
   C. 产品专业化　　　　　　　　D. 市场专业化

二、多选题

1. 细分消费者市场的标准有（　　）。
   A. 地理因素　　　　　　　　　B. 人口因素
   C. 心理因素　　　　　　　　　D. 行业因素
   E. 行为因素
2. 属于产业市场细分变量的有（　　）。
   A. 最终用户标准
   B. 用户规模标准
   C. 参与购买决策成员的个人特点
   D. 用户所处的地理位置
3. 无差异营销战略（　　）。
   A. 具有成本的经济性　　　　　B. 不进行市场细分
   C. 适宜于绝大多数产品　　　　D. 只强调需求共性
   E. 适用于小企业

4. 市场定位策略包括（　　）。
   A. 迎头定位　　　　　　　B. 人员差别定位
   C. 避强定位　　　　　　　D. 重新定位
   E. 价格差别化定位
5. 若强大的竞争对手实行的是无差异性营销，企业则应实行（　　）营销。
   A. 大量　　　　　　　　　B. 产品多样化
   C. 集中性　　　　　　　　D. 无差异性
   E. 选择性

三、思考与练习

1. 企业为什么要对市场进行细分？有效细分的条件是什么？
2. 简述企业目标市场战略的三种模式。
3. 目标市场策略有哪些类型？各有何优缺点？

项目五 PART FIVE
产品策略

知识目标

1. 了解产品组合在企业发展中的重要作用。
2. 掌握产品生命周期的含义、特点及针对处在不同生命周期阶段的产品所应采取的营销策略。
3. 掌握品牌、包装的定义、种类和策略。
4. 熟悉新产品开发的发展趋向、开发程序。

能力目标

1. 能够运用整体产品概念的含义及层次理论指导企业实践。
2. 能正确判断产品生命周期的不同阶段，制定相应的营销策略。
3. 具备对品牌、包装初步的策划设计能力。
4. 能对给定的新产品进行推广方案设计。

素质目标

1. 树立理想信念，培养科技强国信心，传承工匠精神。
2. 培养文化自信，树立职业道德规范。

案例导入

"完美日记"的成功营销[①]

"完美日记"致力于探索欧美时尚趋势，同时结合亚洲人群的面部和肌肤特点，用心为新生代女性研发一系列高品质、精设计、易上手的彩妆产品。产品定位人群为95后、00后的年轻女性。目标人群关注热点，喜欢尝鲜，是各种社交、内容平台的深度用户，炫耀式消费已经不再是主流，取而代之的是体验式消费的心理。

2018年10月，"完美日记"与大英博物馆合作推出皇家口红系列。"唇释浮华，本色闪耀。"完美日记和大英博物馆的跨界联名，大大提升了"完美日记"的品牌知名度和影响力。

---

① https://mp.weixin.qq.com/s/O2MVPp7xM4swxDguYVCQew，2023-12-09。

2019年3月，"完美日记"与Discovery探索频道联名，以野生动物的延伸为灵感，创作12色眼影盘"猎我所见"系列，精美的设计和高品质的产品让"完美日记"的销量更上一层楼。"完美日记"通过KOL[①]增加品牌知名度并制造话题，提升品牌信任感。同时抓住了主要客户群体即年轻女性喜欢在社区分享生活，容易被博主种草化妆品的消费心理，在小红书上快速提高了品牌知名度，并且"完美日记"避开了传统的文字塑造，把营销重点放在了小红书的使用反馈上面。"完美日记"将美妆品类划分得非常细致，采用了在每一个品类签约一个代言人的形式进行推广活动，大多选择一些非一线的腰部艺人，但会具有较多的话题性，这样既可以快速打入粉丝经济，又能增加品牌话题度，实现声量和销量双突破。

后期"完美日记"选择周迅作为代言人，进行品牌升级；同时还与Troye Sivan合作，进入国际视野，提升了品牌的国际形象。"完美日记"细分产品市场做得很好，主打单品爆款，最出名的莫过于"完美日记"探索家12色眼影。它的受众客群是为18~28岁的年轻女性，它主张大牌平民、高质低价，品牌核心价值围绕"时尚、分享"，倡导"热爱时尚、乐于分享"的生活理念。采取"极致性价比"的定价策略，通过低价打开市场，多款产品售价低于100元。

"完美日记"深度经营微信公众号和小程序，沉淀用户池。用户下单后成为公众号的粉丝，通过公众号获取各类服务（售后、素人改妆等定制服务的预约）、在线商城（小程序商城）、订单查询、美妆教程等。同时，"完美日记"打造了"小完子"这一IP，充当客服与美妆顾问角色，与用户建立有温度的双向沟通，并引导用户进群，从而进一步管理留存、刺激复购。

启示

"完美日记"的成功营销，离不开完整的产品策略营销计划。

---

① KOL，指关键意见领袖（Key Opinion Leader，简称KOL），是营销学上的概念。

任务一　产品与产品组合

一、产品的整体概念

在现代市场营销学中,产品整体概念具有极其宽广的外延以及深刻而丰富的内涵。它指通过交换而满足人们需要和欲望的因素或手段,包括提供给市场、能够满足消费者或用户某一需求和欲望的任何有形物品和无形产品。它具体由五个基本层次构成,如图5-1所示。

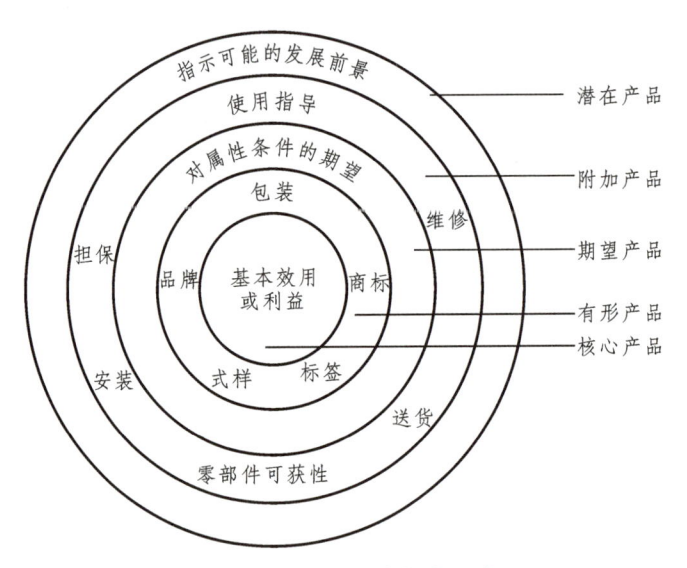

图5-1　产品的五个基本层次

(一)核心产品

核心产品也称实质产品或核心利益,是指消费者购买某种产品时所追求的根本利益。核心产品是产品整体概念中最基本、最主要的部分。消费者购买某种产品,并不是为了获得产品本身,而是为了获得能满足某种需要的效用或利益。例如,买羽绒服,满足的是保暖御寒的需要;买化妆品,满足的是对美丽的需要。

(二)有形产品

有形产品也称形式产品,是核心产品借以实现的形式,即向市场提供的实体和服务的形象。核心产品需要通过一定的形式表现出来。例如,羽绒服的质量、款式、包装、品牌、颜色等,就是它的有形产品层次。营销人员应在满足消费者核心利益的同时,寻求利益得以实现的最佳形式,以求完美地满足消费者的需要。

（三）期望产品

期望产品指消费者在购买产品时期望得到的一组特性或者条件。例如，消费者对羽绒服的期望可以是保暖性能好或者款式时尚。

（四）附加产品

附加产品是消费者购买有形产品时所获得的全部附加服务和利益，包括免费送货、安装、售后保障等。在产品形式类似的情况下，竞争主要集中在附加产品层次上。正如美国学者西奥多·莱维特曾经指出的，新的竞争不在于各个公司的工厂生产什么产品，而在于其产品能提供何种附加价值。

（五）潜在产品

潜在产品指现有产品在未来所有可能的演变趋势和前景。企业可在这一层次中寻找新的方式来满足消费者的需要，并使自身产品与其他产品实现差异化。

二、产品分类

（一）按产品的形态划分

1. 实体产品

实体产品即呈现在市场上的具有一定形态的物质，如衣服、汽车、房屋等。

2. 非实体产品

非实体产品指各种服务、体验、时间、人物、地点、资产、信息、创意、构思等，如送货服务、维修服务等。

消费者看病、美发、租用旅馆客房、乘飞机旅行、看电影等，均是在购买非实体产品。例如，体育赛事所体现和传达的是竞争和对抗，演唱会、酒吧传达了情感，人们通过融入其中来感受和改变自己的状态，这些都是向消费者提供的非实体产品。

又如，阿里巴巴集团围绕消费者需求，不断满足并挖掘和引导消费者需求，以极强的创新、服务和扩张能力，打造了我国最大的互联网商业生态圈。

（二）按产品的用途划分

1. 工业品

工业品指用于生产的产品。

从参与生产过程的程度和价值大小的角度进行划分，工业品可分为材料和部件、资本项目、供应品和服务三大类。

（1）材料和部件，指完全参与生产过程，其价值全部转移到最终产品中的那些物品。

（2）资本项目，指辅助生产，其实体不形成最终产品，其价值通过折旧、摊销的方式部分转移到最终产品中的那些物品，包括装备和附属设备等。

（3）供应品和服务，指不形成最终产品，价值较低、消耗较快的那类物品，以及其他与生产相关的服务。

2. 消费品

消费品是指用于家庭和个人消费的产品。

根据消费者的购买习惯和特点，消费品一般分为便利品、选购品、特殊品、非渴求四种类型。

（1）便利品。

便利品是指消费者频繁购买或者需要随时购买的产品，其可以进一步细分为常用品、冲动品和救急品。常用品是消费者经常购买的产品，如牙膏、饮料、纸巾等。冲动品是价格低、消费者往往不会经过计划或搜寻而即兴购买的产品，如常见的旅游产品、小饰品等。救急品是消费者在需求十分紧迫时购买的产品，如药品等。

（2）选购品。

选购品是指消费者在选购过程中需要对适用性、价格、质量、功能和式样等做全面权衡和比较的产品，如家具、服装、手机、笔记本电脑等产品。

（3）特殊品。

特殊品是指具备独有特征或者品牌标记的产品，如有球员签名的球衣、首次放映的电影、限量款的化妆品或拎包、专业发烧型号的立体声音响、高档的摄影器材等；或者是对消费者具有特殊意义的、特别价值的产品，如具有收藏价值的古玩字画及具有纪念意义结婚戒对指等。对这类产品，有相当多的消费者愿意做出特殊的购买努力，主要表现在愿意多花时间、多花体力、多花钱等方面。

（4）非渴求品。

非渴求品是指消费者不想主动了解或者即使了解也不会主动购买的产品。传统的非渴求品有人寿保险、百科全书、葬礼策划等。

（三）按产品的耐用性划分

1. 耐用品

耐用品是有形的实体物品，并且可以使用较长时间，如空调、床、汽车等。
耐用品生产企业一般需要提供多种服务和保证，如维修、送货服务以及分期付款等。

2. 消耗品

消耗品是通常只能使用一次或几次的实体物品，如肥皂、糖果、牙膏等。
这类产品的消耗速度快，购买频率高，因而企业必须广设零售网点，使消费者购买方便。

三、产品组合

（一）产品组合的概念

产品组合是指一家企业生产和销售的全部产品和产品项目，也就是向市场提供的全部产品的有机构成。其具体构成包括四个方面，即产品组合的宽度、长度、深度及关联性。企业根据市场情况及自身实力，对产品进行配置组合与选择，就形成了不同的产品组合策略。

（二）产品组合的构成内容

产品组合主要由产品组合的宽度、长度、深度及关联性构成，也有将其称为广度、长度（项目总数）、深度及密度（一致性）。

1. 产品组合的宽度

产品组合的宽度是指企业的产品组合所包括的产品线（或产品系列）的数量。产品线是指企业内具有相同制造原理与技术，且用途相同的一组类似产品。产品系列是在功能上可以配合使用的产品项目。

例如，宝洁公司经营的产品组合主要由三条产品线组成，每条产品线又包括若干产品项目，如图 5-2 所示。多产品线组合通常是企业实施的多元化经营战略在产品组合上的体现。

产品组合	产品组合宽度		
产品组合深度	洗发护发	家居清洁	个人清洁
	飘柔	汰渍	舒肤佳
	潘婷	碧浪	玉兰油
	海飞丝		激爽
	伊卡璐		
	沙宣		

图 5-2 宝洁公司的产品组合

2. 产品组合的长度

产品组合的长度是指产品组合中的产品项目总数，即企业所有产品线中产品项目的总和。例如，宝洁公司产品组合长度为 10。产品组合长度能够反映企业产品在整个市场中覆盖面的大小。

3. 产品组合的深度

产品组合的深度是指产品组合中某一产品线内的产品项目数，多者为深，少者为浅。产品组合的深度一般反映企业某个产品线的专业化程度。

4. 产品组合的关联性

产品组合的关联性是指企业的各个产品线在最终使用、生产条件、分销渠道等方面相互关联的程度。例如，有甲、乙两家大企业，其产品组合的宽度均很宽。甲企业的产品线有番茄制品、油漆、火柴、杂志、玻璃器皿、钢铁等，显然这些产品线之间的关联性很差。乙企业的产品线有咖啡、方便食品、洗涤剂、去垢剂、肥皂、牙膏等，这些产品都是消费品，而且都通过相同的渠道（如食品商店、超级市场等）来推销，这些产品线在最终使用和分销渠道方面的关联性强。

分析产品组合的宽度、长度、深度和关联性，有助于企业更好地制定产品组合策略。一般情况下，扩大产品组合的宽度，有利于扩展企业的经营领域，实行多元化经营，可以更好地发挥企业潜在的技术、资源优势，提高经济效益，并可分散企业的投资风险；增加产品组合的长度，使产品线丰满充裕，可使企业成为有更完整产品线的企业；增加产品组合的深度，可以占领同类产品的更多细分市场，满足更广泛的市场需求；而加强产品组合的关联性，则可以使企业在某一特定的市场领域内增强竞争力和赢得良好的声誉。因此，所谓产品组合策略，也就是企业在产品组合的宽度、长度、深度和关联性方面的策略。

（三）产品组合策略

市场环境千变万化，企业应针对市场的变化，调整现有产品结构，保持产品结构最优化，这就是产品组合策略。常见的产品组合策略有以下几种。

1. 扩大产品组合策略

扩大产品组合策略是指加大产品组合的广度和加深产品组合的深度。加大产品组合的广度是指增添一条或几条产品线，扩展产品经营范围；加大产品组合的深度是指在原有的产品线内增加新的产品项目。扩大产品组合的具体方式如下：

（1）在维持原产品品质和价格的前提下，增加同一产品的规格、型号和款式。
（2）增加不同品质和不同价格的同一种产品。
（3）增加与原产品类似的产品。
（4）增加与原产品毫不相关的产品。

扩大产品组合策略可以满足不同偏好的消费者多方面的需求，提高产品的市场占有率；也可以充分利用企业资源和剩余生产力，提高经济效益，扩大经营规模；还可以在企业遭遇竞争时，减少市场需求变化带来的负面影响，降低损失程度。

2. 缩减产品组合策略

缩减产品组合策略指减少产品线或产品项目，特别是取消那些利润小的产品，集中力量经营获利多的产品线和产品项目。缩减产品组合可以采用减少产品线数量、实现专业化生产经营的方式，也可以采用减少产品线下的某些产品项目、停止生产某类产品的方式。

缩减产品组合策略有利于企业集中优势资源和技术力量，实现生产经营专业化，提高产品品质；有利于降低企业生产成本，提高生产效率，在一定程度上提高品牌知名度。

3. 产品线延伸策略

产品线延伸策略指在现有产品线的基础上，通过增加高档或者低档的产品项目，扩大产品经营规模的策略。产品线延伸策略可以分为向上延伸策略和向下延伸策略。

向上延伸策略也称高档产品策略，就是在原有的产品线内增加高档次、高价格的产品项目。向上延伸策略用得好，可以为企业带来丰厚的利润，提高企业产品的市场地位，提高企业品牌知名度。向上延伸也要承担一定的风险，如企业生产廉价产品的形象在消费者心目中不可能立即转变，使得高档产品不容易很快打开销路，从而影响新产品项目研制费用的回收。

向下延伸策略也称低档产品策略，就是在原有的产品线中增加低档次、低价格的产品项目。向下延伸策略的实行能够迅速为企业寻求新的市场机会，借高档产品的声誉，吸引消费水平较低的消费者购买该产品线中的低档廉价产品，能够增加销售总额，提高市场占有率。但是如果处理不当，实行向下延伸策略可能会影响企业原有产品的市场声誉和品牌产品的市场形象。此外，这一策略的实施需要一套相应的营销系统和促销手段与之配合，这必然会加大企业营销费用的支出。

拓展案例

小米扩大产品组合策略以及小米营销方式[①]

　　小米公司是当前比较知名的专注于自主研发的互联网移动公司，在短短几年里，创造了销售奇迹，这和它的营销策略脱离不了关系。

　　"为发烧而生""不是取决于数字，而是用户玩得嗨不嗨"，这些都是小米的营销方式。从2011年以来，小米得到很多"米粉"的追捧，以线上高销量、线下高人流量的状况在众多智能手机中脱颖而出。在2017年天猫"双11"购物狂欢节的手机销量榜中，小米手机夺得冠军。小米的营销模式不是单一的，是呈网状的。从大家主要关注的产品、价格、传播三方面齐下手，线上线下市场都不放过，打造了属于自己的营销模式。

一、产品策略

　　产品策略是整个营销组合策略的基石。产品是市场营销中最重要也是最基本的要素，任何企业的根本目标是创造满足市场需求的产品。

　　小米公司经营的不止是小米手机，还有耳机、钢化膜、手机壳等手机配件，有不同的价位供消费者选择。

　　小米公司的产品组合宽度也很大，经营范围包括电视、家庭用品、平衡车、电子设备等产品，还研发了多种新颖智能产品，吸引了广大消费者的目光。

二、"米粉"发声

　　"为发烧而生"是小米手机的设计理念，而让"发烧友""米粉"共同参与研发是小米手机的一大特色，让用户说出自己对手机的期待以及对现在手机的不满。让用户共同参与能更贴切地了解他们要的是什么以及了解手机的发展方向。

三、尾数定价

　　在市场营销组合中，价格是促成交易的最直接的因素，合理的价格能为企业带来收益，能提高企业在市场的占有率。

　　心理学研究表明，价格尾数的微小差别能够显著影响消费者的购买行为，一般认为，尾数为9的价格最受欢迎。

　　小米手机根据消费者这种心理特点，把手机等其他家电产品的定价尾数为"9"或"99"，尾数定价抓住了消费者的求廉心理，对消费者具有一定的刺激作用。

四、新品发布

　　传播策略是企业综合运用人员进行推销的手段，刺激消费者的消费欲望和兴趣，使其产

[①] https://mp.weixin.qq.com/s/JLr_qoibGPMQ3dgBYjfp3A，2023-12-26.

生购买行为，从而达到扩大销售目的的活动。小米公司的每一款新产品上市，都会召开发布会，邀请媒体进行新品报道，配合超清大屏幕，在微博进行直播推广，足以引起广大消费者的关注。

  小米在营销之前，最成功的就是可以准确地找准自己的用户群体，消费群体定位清晰。小米手机产品现在主要有两个系列：一是小米系列，主要满足热爱科技、热衷于"玩机"的年轻人；二是红米系列，主要满足对手机没有太高要求、追求性价比的中老年人。这样的消费人群分类更能帮助小米公司提高市场占有率，也为公司带来发展机会。

任务二　产品的整体概念

一、产品生命周期的概念及其阶段划分

（一）产品生命周期的概念

产品生命周期是指某产品从进入市场到被淘汰退出市场的全部运动过程。产品生命周期指的是产品的市场寿命，即市场流通时间，而不是使用寿命。

产品生命周期由需求与技术的生命周期决定。企业开展市场营销活动的起点不是产品，而是需求。任何产品都只是作为满足特定需求或解决特定问题而存在的。

（二）产品生命周期阶段

产品生命周期一般分为四个阶段：引入期、成长期、成熟期和衰退期，如图5-3所示。

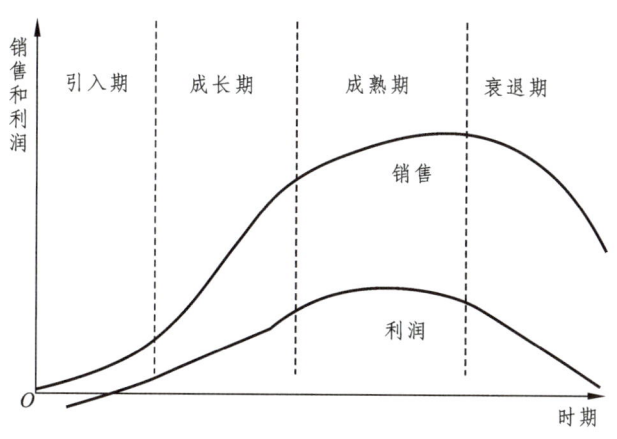

图5-3　产品市场生命周期

（1）引入期（也称介绍期）是指在市场上推出新产品，产品销售呈缓慢增长状态的阶段。
（2）成长期是指该产品在市场中迅速为消费者所接受，销售额迅速上升的阶段。
（3）成熟期是指大多数消费者已经接受该产品，市场销售额缓慢增长或下降的阶段。
（4）衰退期是指销售额急剧下降，利润渐趋于零的阶段。

（三）不同产品生周期阶段的特点及营销策略

1. 引入期的特点及营销策略

引入期是产品首次投入市场的最初阶段，也称接入期或诞生期。该阶段的主要特点是：消费者对产品不太了解；产品销量低、单位生产成本较高、利润少甚至亏损；产品的质量不

太稳定；还没有建立起稳定的分销渠道，分销和促销费用高；一般竞争者很少。

在产品引入期，企业一方面应尽量完善产品的技术性能，尽快形成批量生产能力，另一方面应采取有效的市场营销组合策略来缩短该阶段的时间。最常见的方法是从价格和促销活动两个方面来设计营销策略。

企业通常可以采用以下四种营销策略。

（1）快速撇脂策略。即以高价格、高促销费用推出新产品。企业制定较高的产品价格，而花费较多的广告宣传费用来推销其高价产品。企业采取这种策略的目的是可以尽快收回投资，建立知名度，占领市场。企业采取这种策略的市场条件是：市场容量大；大多数消费者对这种产品不了解且对价格不敏感；潜在竞争对手对企业的威胁较小。

（2）缓慢撇脂策略。即以高价格、低促销费用推出新产品。企业制定较高的产品价格，而花较少的广告宣传费用来推销其高价产品。采用这种策略的目的在于获取更多利润。企业采取这种策略的市场条件是：市场规模较小，容量有限；大多数潜在消费者对这种产品有所了解；潜在消费者愿出高价购买；潜在竞争对企业的威胁较大。

（3）快速渗透策略。即以低价格、高促销费用推出新产品。企业制定较低的产品价格，而以大量广告宣传来推销其低价产品。采用这种策略的目的在于以最快的速度进行市场渗透以提高产品的市场占有率。企业采取这种策略的市场条件是：市场容量大，多数潜在消费者对这种产品不了解，且对价格很敏感；潜在竞争对企业的威胁很大；新产品的单位成本可望随着生产批量的增加而降低。

（4）缓慢渗透策略。即以低价格、低促销费用推出新产品。企业制定较低的产品价格，并用少量的广告宣传来推销其低价产品。产品价格低可以促使潜在消费者迅速接受这种产品；促销费用低可以增加企业的盈利。企业采取这种策略的市场条件是：市场容量大；多数潜在消费者了解这种产品，且对价格很敏感；潜在竞争对企业的威胁不大。

2. 成长期的特点及营销策略

在投入期之后，产品品质不断完善，产量和销量迅速增长，此时就进入了产品生命周期的第二个阶段——成长期。该阶段的主要特点是：产品性能趋于稳定，产品的质量、功能、优点已逐渐为消费者所接受，市场逐步扩大；消费者已了解该产品，销量迅速增长；生产规模扩大，随着量的增长，单位产品生产成本和促销费用下降，利润迅速增长；产品分销渠道业已建立；大批竞争者加入，市场上的同类产品增多，竞争开始加剧，同类产品供给量增加，价格也随之下降。

针对成长期的特点，大力组织生产、扩大市场份额和提高利润是这一阶段的营销重点，可以采取以下几种策略。

（1）不断提高产品质量和性能，改善产品品质例如，企业可以增加新的功能和品种，逐步形成本企业的产品特色，提升产品的竞争力，以增强产品对消费者的吸引力。

（2）努力寻求和开拓新的细分市场，开辟新的分销渠道。通过市场细分，找到新的、尚未被满足的市场，根据需要组织生产，并迅速进入新的市场。

（3）适当改变广告目标企业的广告目标应从介绍和传达产品信息、提高产品知名度转移到树立企业和品牌形象、说服和引导消费者接受和购买产品上来，使消费者形成品牌偏好。

（4）在适当的时机降低价格。企业应当在适当的时机降低价格，以刺激那些对价格敏感的潜在消费者产生购买动机并采取购买行动，从而扩大产品市场份额，增加产品的销量。

3. 成熟期的特点及营销策略

在成长期之后，产品进入生命周期的第三个阶段——成熟期。该阶段的主要特点是：销量缓慢增长，逐步达到顶峰，然后开始缓慢下降；市场竞争十分激烈，各种品牌的同类产品和仿制品不断出现；企业利润开始下降；绝大多数销量属于消费者的重复购买，只有少数迟缓消费者进入市场；一般是产品生命周期中最长的一个阶段。

企业在这个阶段不应满足于保持既得利益和地位，而是要积极进取，其营销重点是延长产品的生命周期、巩固市场占有率，这就需要采取以下两种策略。

（1）市场改良策略。

市场改良策略不是要改变产品本身，而是要发现产品新的用途或改变推销方式，以使产品的销量提高。产品销量主要受购买人数和重复购买频率的影响。因此，企业要提高产品的销量，可以从两个方面入手，即增加购买人数和刺激消费者重复购买。

（2）产品改良策略。

产品改良策略也称为产品再推出策略，即将产品的某一部分给予显著变革，以吸引新顾客、留住老顾客的营销策略。

产品改良可以从以下四个方面入手：一是改善产品的功能和特性；二是增加产品的新特点；三是改变产品的款式、配料和包装等；四是改良附加产品，为消费者提供更好的服务。

4. 衰退期的特点及营销策略

衰退期的主要特点是：产品销售量急剧下降，消费者消费习惯改变，产品出现积压，价格下跌，利润降低，甚至亏损；竞争对手相继退出市场；产品样式陈旧，功能老化，不能满足市场需求；消费兴趣转移，忠诚度下降；需求逐渐减退；企业处于微利、保本甚至亏损状态。

进入衰退期以后，企业应根据自身经营实力和产品的市场潜力，采取以下几个相应的策略。

（1）放弃策略。

放弃策略就是放弃那些迅速衰退的产品，将企业的资源投入到其他有发展前途的产品上去。企业既可以选择完全放弃，也可以选择部分放弃。但企业在使用该策略时应妥善处理现有消费者的售后服务问题，否则一旦企业停止生产经营该产品，现有消费者需要的服务得不到满足，会影响他们对企业的忠诚度。

（2）维持策略。

在衰退期，由于有些竞争者退出市场，市场出现一些空缺，这时留在市场上的企业仍然有盈利的机会，此时企业可采取维持策略。具体的维持策略包括：继续沿用过去的营销策略；将企业资源集中于最有利维持对老产品的集中营销。

（3）重新定位策略。

企业通过对产品重新定位，为产品找到新的目标市场和新的用途，使处于衰退期的产品再次焕发生机，从而延长产品的生命周期，甚至使它成为一个新的产品。这种策略成功的关键就是要找到产品的新用途。

任务三　品牌与包装策略

一、品牌相关概述

1. 品牌概念

产品品牌包含两个层次的含义：一是指产品的名称、术语、标志、符号、设计等方面的组合体；二是代表有关产品的一系列附加值，包括功能和心理两方面的利益点，如产品所代表的效用、功能、品位、形式、价格、便利、服务等。产品品牌的第一层含义，即作为一种识别标志，通常由品牌名称、品牌标志和商标三个部分构成。

（1）品牌名称，指品牌中可以读出的部分，即词语、字母、数字等的组合，如华为、苹果、小米等。

（2）品牌标志，指品牌中不可以读出的部分，包括符号、图案、明显的色彩或字体，如小天鹅的天鹅造型等。

（3）商标，是受到法律保护的整个品牌、品牌标志或者各要素的组合。商标在使用时，要用"®"或"注"明示，意指注册商标。

2. 品牌的特征

（1）品牌代表着产品的特色和质量。

在营销活动中，品牌并非是符号、标记等的简单组合，而是产品的一个复杂的识别系统。品牌实质上代表着卖方对交付给购买者的一系列产品的特征、利益和服务的一贯性的承诺。

（2）品牌是企业重要的无形资产。

品牌是有价值的，良好的品牌形象可以给其拥有者带来巨大的收益。品牌资产是一种无形资产，须通过一定的载体才能体现价值，直接载体是品牌元素，间接载体是品牌知名度和美誉度。一些全球知名品牌如"可口可乐""肯德基"等，其品牌价值几乎已超过了企业所拥有的有形资产。但品牌资产的收益具有不确定性，企业需要对品牌进行持续投资（如广告投放等）并精心维护，以防品牌贬值。

（3）品牌具有一定的个性。

品牌具有一定的个性。例如，一提到百事可乐，我们就会联想到有朝气的、年轻的一代；而一提到奔驰，我们就会将其与自信、富有、成功这些词汇联系在一起。我国知名品牌的品牌个性也很突出，如"娃哈哈"就象征着幸福、安康、希望。所以，在创造品牌的过程中，企业一定要注意对品牌个性的塑造，赋予品牌一定的文化内涵，满足广大消费者在文化品位方面的需求。

（4）品牌具有专有性。

当品牌成为知名品牌后，特别是品牌商标一经注册成为注册商标后，便具有维护专用权利的防御性作用，品牌的拥有者就对该品牌享有专有权，其他企业不得再用。一件产品可以被竞争者模仿，但品牌却是独一无二的。品牌在其经营过程中，通过良好的质量、优质的服务建立起良好的信誉，这种信誉一经消费者认可，很容易形成品牌忠诚，这从另一个方面强化了品牌的专有性。

3. 品牌的作用

（1）品牌对消费者的作用。

① 品牌有助于消费者识别产品的来源，保护其合法权益。《中华人民共和国消费者权益保护法》规定："消费者因购买、使用商品或者接受服务受到人身、财产损害的，享有依法获得赔偿的权利。"消费者通过品牌很容易识别产品的来源和品牌的拥有者，一旦消费者权益受损，就可以运用法律武器维护自身的合法权益。

② 品牌有助于消费者规避购买风险，降低购买成本。品牌代表着产品的品质和特色，是产品质量和服务的保证。消费者购买品牌产品，不仅能够有效规避买到伪劣产品的风险，还能省去购买行为过程中的搜寻信息、制订购买决策等一系列活动，从而大大降低购买的精力成本和时间成本等。

③ 品牌有助于消费者形成品牌偏好，方便重复购买。享有良好声誉的品牌，有利于消费者形成品牌偏好。消费者一旦感受到购买某品牌产品所能带来的好处或利益，就会形成品牌偏好。同一品牌的产品原则上具有相同的品质，使消费者易于消除对新产品的疑虑，促使其重复购买。

（2）品牌对企业的作用。

① 品牌有利于产品的销售和占领市场。品牌一旦形成一定的知名度和美誉度，企业就可利用品牌优势扩大市场，促进消费者形成品牌忠诚。品牌忠诚能使企业在竞争中得到某些保护，并使它们在制订市场营销策略时具有较强的控制能力。知名品牌代表了一定的质量和其他性能，比较容易吸引新的消费者，从而降低营销费用。

② 品牌有利于增强企业竞争力，增加利润。在同类产品众多、竞争激烈的市场上，具有良好声誉的知名品牌可以像灯塔一样在信息海洋中为不知如何选择的消费者指明方向。品牌是企业实现产品差异化的重要手段，企业掌握品牌产品的定价主动性，可以避免与同类产品进行价格竞争。例如，国际品牌可口可乐的价格均由公司统一制定，价格弹性非常小。

③ 品牌有利于企业更好地占领细分市场。企业可以在不同的细分市场推出不同的品牌以适应消费者的个性差异，从而更好地满足消费者的需求。不少企业采用多品牌战略，基于产品的特性、品质、功能等因素为每类或每件产品赋予不同的品牌，使每个品牌都能在相应的细分市场上拥有独一无二的形象。

④ 品牌有利于维护企业的经济利益。品牌经过注册获得专有权，受法律的保护，其他企业未经许可不得在同类或类似产品上使用，因此品牌可防止企业产品被竞争者抄袭、模仿或假冒，从而能保护企业的正当权益。

⑤ 品牌是企业开展竞争的一种重要工具。高价值品牌能为企业带来许多竞争优势，产品能够借助品牌优势，赢得消费者的品牌偏好，提高市场占有率。企业还能够借助品牌的良好声誉，为产品制定较高的价格，在获取高额利润的同时，应避开与竞争者的价格大战。

二、品牌策略

1. 品牌化策略

品牌化策略是指企业决定是否使用品牌的策略。当前很少有企业使用无品牌的策略，除非使用品牌的成本高于使用品牌所获得的收益，无品牌策略才会被采用（如单个的农户销售自己生产的农产品）。

2. 品牌使用者策略

品牌使用者策略是指企业决定使用谁的品牌的策略。即企业决定使用本企业（制造商）的品牌，还是使用经销商的品牌，或两种品牌同时兼用。

通常品牌是制造商的产品标记。近年来，经销商的品牌日益增多。西方国家许多享有盛誉的百货公司、超级市场、服装商店等都使用自己的品牌，有些著名商家（如美国的沃尔玛）经销的很多商品都使用自己的品牌。

制造商品牌和经销商品牌之间的竞争，本质上是制造商与经销商之间实力的较量。在制造商具有良好的市场声誉、拥有较大市场份额的条件下，应多使用制造商品牌，无力经营自己品牌的经销商只能接受制造商品牌。相反，当经销商品牌在某一市场领域中拥有良好的品牌信誉及庞大的、完善的销售体系时，利用经销商品牌也是有利的。

3. 品牌数量策略

品牌数量策略是企业决定使用多少个品牌的策略。

（1）个别品牌策略。个别品牌策略是企业为其生产的不同产品分别使用不同的品牌。采用个别品牌策略，为每种产品寻求不同的市场定位，有利于增加销售额，对抗竞争对手，分散风险，使企业的声誉不致因某种产品表现不佳而受到影响。

（2）统一品牌策略。统一品牌策略是企业生产经营的所有产品均使用同一个品牌。对于那些享有高声誉的著名企业，产品全部采用统一品牌名称策略可以充分利用其品牌效应，使企业所有产品畅销。同时企业宣传介绍新产品的费用开支也相对较低，有利于新产品进入市场。

（3）分类品牌策略。分类品牌策略是企业依据一定的标准将其产品分类，并分别使用不同的品牌。企业使用这种策略，一般是为了区分不同大类的产品，一个产品大类下的产品使用共同的品牌，以便在不同大类产品领域中树立各自的品牌形象。

（4）企业名称加个别品牌策略。企业名称加个别品牌策略是企业生产经营的各种不同的产品分别使用不同的品牌，且在每个品牌之前都冠以企业的名称。企业多把此种策略用于新产品的开发。在新产品的品牌名称上增加企业名称，可以使新产品享受企业的声誉，而采用不同的品牌名称，又可使各种新产品显示出不同的特色。

4. 品牌延伸策略

品牌延伸策略是企业利用其成功品牌的声誉来推出改进产品或新产品。品牌延伸并非只是借用表面上的品牌名称，而是对整个品牌资产的策略性使用。推出新产品时使用新品牌或延伸旧品牌是企业必须面对的品牌决策。品牌延伸一方面在新产品上实现了品牌资产的转移，另一方面又以新产品形象延续了品牌寿命，因而成为企业的现实选择。

品牌延伸具有减少新产品的市场风险、强化新产品的品牌效应和注入品牌时尚元素等优点，也存在有悖消费者固有心理和品牌认知模糊化等不利因素。

5. 多品牌策略

多品牌策略是企业对同一类产品使用两个或两个以上的品牌。应用多品牌策略的企业可能同时经营两种或两种以上相互竞争的品牌。多品牌策略虽然会使原有品牌的销售量减少，但几个品牌加起来的总销售量却可能比原来一个品牌时要多。

这种策略由宝洁公司首创。一种品牌树立之后，容易在消费者当中形成固定印象，不利于产品的延伸，尤其是像宝洁这种横跨多个行业、拥有多种产品的企业更是如此。多品牌决策的最佳结果应是企业的品牌逐步挤占竞争者品牌的市场份额，或多品牌决策所增加的利润应大于因为相互竞争所造成的利润损失。

6. 品牌重新定位策略

品牌重新定位策略是指由于某些市场情况发生变化，企业对产品品牌进行重新定位。当竞争者品牌相似使企业品牌的独特性逐渐消失，或消费者转向其他品牌时，即使某一个品牌在市场上的最初定位很好，随着时间的推移也必须重新定位，赋予品牌新的内涵。

拓展案例

"多品牌战略"看宝洁公司怎么做？为什么要有这么多品牌？[①]

潘婷、飘柔、海飞丝、碧浪、汰渍、舒肤佳、沙宣、Olay、SK-Ⅱ等，这些我们耳熟能详的品牌都是宝洁公司旗下的，如图 5-4 所示。它们分开进行广告营销，对于不少用户而言，熟悉它们胜过熟悉宝洁。我们都知道打广告是一项非常耗钱的行为，那么宝洁为何要搞这么多的品牌，统一打宝洁的广告不行吗？

宝洁集团

SK-Ⅱ	Olay	蜜丝佛陀	安娜苏	伊奈美
Always	Zest	封面女郎	登喜路	郎万
飘柔	海飞丝	潘婷	舒肤佳	润妍
伊卡璐	沙宣	威娜	ANNA	Escada

图 5-4　宝洁公司旗下主要品牌

宝洁的品牌很多，种类繁多，虽然很多种类一样，但是品牌名称和品牌定位是不一样的，比如：飘柔、潘婷、海飞丝这三个常见的洗发水品牌。那么它必须有这么多品牌吗？显然不是的，如果不考虑运营方面的问题，大可以把所有的品牌都融合了，就统一叫做宝洁。

宝洁将不同的产品分为不同的品牌是有意为之，绝不是无奈之举。使用这种做法的公司

[①] https://mp.weixin.qq.com/s/9NPVf0NbLUqAQKoKDIQ3bg，2023-10-15.

还挺多的，其中和宝洁最为相似的一个企业就是联合利华。宝洁和联合利华是全球最大的两家日用品生产企业。联合利华旗下就有立顿、家乐、金纺、奥妙、多芬、清扬、夏士莲、中华、旁氏、凡士林等众多品牌，也是多品牌运营模式，如图5-5所示。

```
                        联合利华
   ┌──────┐  ┌──────┐  ┌──────┐  ┌──────┐  ┌──────┐
   │ 立顿 │  │ 家乐 │  │ 金纺 │  │ 奥妙 │  │ 多芬 │
   └──────┘  └──────┘  └──────┘  └──────┘  └──────┘
   ┌──────┐  ┌──────┐  ┌──────┐  ┌──────┐  ┌──────┐
   │ 清扬 │  │夏士莲│  │ 中华 │  │ 旁氏 │  │凡士林│
   └──────┘  └──────┘  └──────┘  └──────┘  └──────┘
```

图5-5　联合利华旗下主要品牌

不管是宝洁还是联合利华，在市场营销、广告营销的时候，不同的产品都是单独营销运营的，不信你到超市看看他们的营销视频和广告，每个产品定位和产品的特色都是非常清晰的，不会出现连续几个产品出现在一个营销方案里面的情况。现在的品牌眼花缭乱，如果不去上网查或者仔细看包装上公司署名信息，用户已经很难知道一瓶饮料或者洗发水是哪一家企业的产品了，甚至以为是竞争对手的产品，但其实是一家企业的产品。

品牌是指消费者对产品及产品系列的认知程度，品牌的本质是品牌拥有者的产品，它包括功能性利益和情感性利益。

多品牌战略是指一个企业发展到一定程度后，利用自己创建起来的一个知名品牌延伸出多个知名品牌的战略计划，并且多个品牌相互独立而又存在一定的关联，而不是毫不相关、相互脱离的。

多品牌策略的实施主要有两个特点：

（1）不同的品牌针对不同的目标市场。例如，飘柔、潘婷、海飞丝、沙宣的区别就在于定位不同：飘柔强调使"头发更柔、更顺"；潘婷突出"拥有健康、当然亮泽"；海飞丝则是"头屑去无踪、秀发更出众"。

（2）品牌的经营具有相对的独立性。在宝洁公司内部，飘柔、潘婷和海飞丝分属于不同的品牌经营管辖，各品牌之间相互独立、相互竞争。

二、产品包装策略

（一）包装的含义与作用

包装指在流通过程中为保护产品、方便储运和促进销售，按一定的技术方法所使用的容器、材料和辅助物等的总称，也指为达到上述目的在使用容器、材料和辅助物的过程中施加一定技术方法等的操作活动。

包装的作用主要体现在三个方面：

（1）保护产品。产品包装的保护性是产品包装最基本、最重要的功能，即包装能够保护产品不受损害。

（2）方便储存。包装能够便于产品进行存储和运输，保护产品完好无损。一个好的包装作品，应该以人为本，站在消费者的角度考虑，这样会拉近产品与消费者之间的距离，增加消费者的购买欲和对产品的信任度，也能够促进消费者与企业之间的沟通。

（3）促进销售。精心设计的产品包装是良好的促销手段之一。精美的包装能够吸引消费者的目光，能够唤起人们的消费欲望，从而促进销售。同时，包装可以用来介绍、宣传产品，便于人们了解这种产品。

（二）包装策略

包装已成为强有力的营销手段。设计良好的包装能够为消费者创造方便价值，为生产者创造促销价值。在发挥包装的营销作用方面，企业需要掌握以下策略。

1. 类似包装策略

类似包装策略即企业所有产品的包装，在图案、色彩等方面，均采用统一的形式。采用这种策略可以降低包装的成本，扩大企业的影响力，特别是在推出新产品时，企业的声誉使消费者首先从包装上辨认出产品，便于企业迅速打开市场。

2. 组合包装策略

组合包装策略即把若干有关联的产品，包装在同一容器中。如化妆品的组合包装、节日礼品盒包装等，都属于组合包装。采用这种策略不仅能够促进消费者的购买，也有利于企业推销产品，特别是在推销新产品时，企业可将其与老产品组合出售，创造条件使消费者接受、试用。

3. 附赠品包装策略

附赠品包装策略即在包装中附赠一些物品，从而引起消费者的购买兴趣。采用这种策略有时还能够引发消费者重复购买的意愿。例如，企业在珍珠霜的包装盒里放一颗珍珠，消费者买了一定数量的珍珠霜之后就能获得很多珍珠，从而能串成一根项链。

4. 再使用包装策略

再使用包装策略即包装在产品使用完后，还可以有别的用处。这样消费者可以得到一种额外的满足，从而激发其购买产品的欲望。如对于设计精巧的果酱瓶，消费者在吃完果酱后可以将其作为茶杯使用。

5. 分组包装策略

分组包装策略即对同一种产品，根据消费者的不同需要，采用不同级别的包装。例如，消费者将产品用作礼品，则可以精致地包装；若自己使用，则只需简单包装。此外，对不同等级的产品，也可以采用不同包装。高档产品包装得精致些，以彰显产品的身份；中低档产品包装得简单些，以减少产品成本。

6. 改变包装策略

改变包装策略即当产品销量下降、市场声誉下跌时，企业在改进产品质量的同时，改变包装的形式，从而以新的产品形象出现在市场上，改变产品在消费者心目中的不良印象。采用这种策略有利于企业迅速恢复声誉，重新扩大市场份额。

任务四　新产品开发

一、新产品的概念

从市场营销的角度看，凡是企业向市场提供的过去没有生产过的产品都叫新产品。具体地说，新产品是产品整体概念中的任何一部分的变革或创新，并且给消费者带来新的利益、新的满足的产品。

市场营销意义上的新产品含义很广：（1）因科学技术在某一领域的重大发现所产生的新产品；（2）在生产销售方面，只要产品在功能或形态上发生改变，与原来的产品产生差异，甚至只是产品从原有市场进入新的市场，也可视为新产品；（3）在消费者方面，则是指能进入市场给消费者提供新的利益或新的效用而被消费者认可的产品。

二、新产品的分类

（一）全新产品

全新产品指应用新原理、新技术、新材料，具有新结构、新功能的产品，如第一台电视机、第一列火车等。

（二）改进型新产品

改进型新产品指在原有产品的技术和原理的基础上，采用相应的改进技术，使外观、性能有一定进步的新产品。这类产品在现有产品的基础上，对产品质量、款式、功能、结构、材料、花色品种等方面进行改进，如牙膏从普通牙膏到中草药牙膏、绿茶牙膏、含氟牙膏等。

（三）换代型新产品

这类产品在原有产品的基础上，采用或部分采用新技术、新材料、新结构研制成功。它们通常是对原有产品的重大改进，如彩色电视机从自然平彩电到超平彩电、纯平彩电、等离子彩电和高清彩电等。

（四）仿制型新产品

这类产品是对市场上已有产品的模仿或复制，它们可能在外观、功能上与原产品相似，但不一定具有原创性，如仿制的山寨手机等。

三、新产品开发程序

新产品开发主要经历八个程序，如图5-6所示。

```
        8.商品化
       7.市场试验
      6.产品开发
     5.商业分析
    4.营销战略
   3.概念发展和试验
  2.创意筛选
 1.创意产生
```

图 5-6　新产品开发程序

（一）创意产生

新产品创意的来源很多，主要来源于顾客、竞争者、中间商、科技人员、销售人员等。此外，还可以从发明家、专利代理人、大学、研究机构、咨询公司、广告代理商、行业协会和有关出版物寻求新产品创意。寻找和收集创意的主要方法有以下几种：

（1）产品属性列举法，即将现有产品的属性一一列出，通过寻求改良某种属性以达到改良该产品的目的，并在此基础上形成新的产品创意。

（2）强行关系法，即列出若干个不同的产品，然后把某一产品与另一产品或几种产品强行结合起来，产生一种新的创意。

（3）调查法，即向消费者调查使用某种产品时出现的问题或值得改进的地方，然后整理意见，转化为新的产品创意。

（4）头脑风暴法，即选择专长各异的人员进行座谈，集思广益，以发现新的产品创意。

（二）创意筛选

创意筛选就是对大量的新产品构思进行评价，研究其可行性，挑出那些有创造性的、有价值的创意。一般要考虑三个因素：一是环境条件，即涉及市场的规模与构成、产品的竞争程度与前景、国家的政策等；二是企业的战略任务、发展目标和长远利益，这涉及企业的战略任务、利润目标、销售目标和形象目标等方面；三是企业的开发与实施能力，包括经营管理能力、人力资源、资金能力、技术能力和销售能力等方面。

（三）概念发展和试验

经过筛选后保留下来的产品构思必须发展成产品概念。产品概念是指已经成型的产品构思，即用文字、图像、模型等进行清晰阐述，使之在消费者心目中形成一种潜在的产品形象，即用有意义的消费者语言来详细描述的产品构思。

形成的产品概念要通过消费者的产品概念测试，如果不能通过，则应当放弃或者继续修改，直至通过。

四、营销战略

对经过测试后确认的产品概念，紧接着就要为该产品拟定营销战略。初拟的营销战略应包括三个部分：（1）说明目标市场的规模、结构、行为、新产品的市场定位、近期的销售量和销售额、市场占有率、利润率等；（2）略述新产品的计划价格、分销渠道、促销方式和营销预算；（3）阐述新产品的远景发展情况并提出设想，如长期销售额和利润目标、产品生命周期各阶段的营销组合策略等。

五、商业分析

商业分析是对新产品概念进行经济效益分析，即对新产品的销售情况、成本和利润做出进一步的评估，判断其是否符合企业的目标，以此决定是否进入新产品的正式开发阶段。

六、产品开发

顺利通过商业分析的产品概念可以进入产品开发阶段。这一阶段是将用文字、图形或模型等描述的产品概念转化为实体形态的产品模型或样品。

七、市场试验

如果企业对产品测试的结果感到满意，接着就要开展市场试验。市场试验是将新产品与品牌、包装、价格和初拟的营销规划组合起来，然后将新产品小批量投入市场，以检验新产品是否真正受市场欢迎的过程。

八、商品化

新产品试销成功后，就可以正式批量生产，全面推向市场。

实训六 案例分析

一、阅读案例

花西子：新国货品牌的东方美学营销之路[①]

近年来，随着国潮之风的兴起，一大批国货品牌慢慢发展起来，逐渐在国内乃至国际市场上形成巨大的影响力。在此阶段，西湖之畔的新国货彩妆品牌花西子应运而生，用"东方美学"在三年时间内创造了销售额突破30亿的神话。

那么，花西子是如何书写出这样的传奇故事的呢？自品牌创立之初，花西子就提出了"东方彩妆、以花养妆"的品牌理念，并将这样的理念深入贯彻到品牌力和产品力打造的每一个细节之中。在品牌力打造上，花西子的品牌名称、标识、主视觉等品牌识别要素都根植着东方美学的基因，独具东方韵味。品牌名称"花西子"中的"花"指"以花养妆"，"西子"则取自苏东坡的诗句"欲把西湖比西子，淡妆浓抹总相宜"，代指中国古代四大美女之首西施，传递着"希望中国女性无论浓妆还是淡抹，都如西子般美丽动人"的理念。花西子英文名为"Florasis"，是"Flora" + "Sis"，意为"花神"，借喻使用了花西子产品的女性，和荷花花神西施一样美丽动人。

而花西子的品牌标识具有三层含义：

（1）花卉之形，时尚之美：花西子要做精致时尚的中国彩妆。

（2）古典之窗，东方之韵：花西子要为世界打开一扇东方之窗。

（3）融汇共生，平衡之美：既坚守古典的含蓄内敛，又融合现代的开放、创新。

在产品力打造上，花西子在从产品成分到包装设计，每个产品细节中都注重对具有差异化和独特性的国风美妆产品的打造。花西子的产品以花卉草本精华为主要成分，坚持以花养妆，打造自然健康的美妆产品。并且，花西子首创雕花系列产品设计，复刻东方微浮雕工艺，将杜鹃、仙鹤、锦鲤、凤凰等具有东方意象的动植物刻画在美妆产品之上，方寸之间构筑出一座东方花园。其中，品质和颜值兼具的雕花口红更是让花西子快速出圈。

现如今，成长于大国崛起和互联网时代的"Z世代"[②]已经日益成为美妆消费主力军。据艾瑞咨询《2021年Z世代美妆护肤消费洞察报告》显示，在美妆护肤行业的消费者中，18～24岁的人群占了39.5%。在品牌力和产品力双管齐下的作用下，花西子从标识、名称等品牌角度突出东方美学理念，从成分、工艺、东方女性妆面适应度等产品角度打造优质产品，把握住了新时代美妆消费人群对美妆产品健康、颜值、品质的需求，成为了"Z世代"喜欢的

[①] https://mp.weixin.qq.com/s/mzPtOjW5FNNyOnh5B8_L5w，2024-01-06

[②] Z时代，网络用语，通常是指1995年至2009年出生的一代人，他们一出生就与网络信息时代无缝对接，受数字信息技术、即时通信设备、智能手机产品等影响比较大。

国内彩妆品牌TOP5。花西子通过"代言人+KOL"的组合投放，在加深花西子东方美学在消费者心中印象的同时，打造热门话题，将品牌热度层层引爆，最大程度地提升了品牌认知度。

在代言人选择上，花西子邀请具有典型东方美人长相的杜鹃作为品牌形象代言人，其古典清冷的气质与品牌宣传语"东方佳人、遗世独立"完美契合，体现出了花西子独具的东方美学。在单一的产品线上，则是分别选择了有"清水芙蓉"之态的刘诗诗担任花西子品牌卸妆全球代言人，选择了苗族文化传承者阿朵作为花西子苗族银饰礼盒套的形象大使。这些与品牌和产品具有高契合度的代言人将花西子的东方美学演绎得淋漓尽致，更是让花西子国风美妆的印象深入人心。花西子还打造了同名虚拟代言人——"花西子"，其灵感亦来自苏轼名句"欲把西湖比西子，淡妆浓抹总相宜"，着重突出了花西子所传递的东方美学理念。从视觉上看，"花西子"极具东方古典美人的面相特征，眉眼温柔，仪态端庄，兼具清新与典雅之气；发间一缕黛色，象征花西子品牌色；手持并蒂莲，则寓意"清水出芙蓉，天然去雕饰"的人物气质。创立以来，花西子品牌一直坚持"东方彩妆、以花养妆"的品牌理念，虚拟人"花西子"的形象正是品牌人格化、符号化体现，也有利于品牌在二次元等更多圈层的品牌传播。

在KOL的投放上，花西子采用了头部主播和腰尾部主播组合投放的策略。一方面借助头部主播制造高热话题，并借助头部主播的专业测评为产品做"背书"，在扩大品牌影响力的同时，提高品牌在用户心中的认知度和信任度。另一方面通过腰尾部主播来承接热度，充分发挥长尾效应，深入解读产品优势亮点，进一步提高品牌宣传的广度和深度。作为国风美妆品牌，花西子通过国风文化的打造，从明星网红、影视文娱、国风音乐、时尚潮流等领域出发，以核心古风圈为突破口，加大品牌宣传力度，让品牌深植于国风圈层。花西子与品牌大使周深合作打造了国风音乐《花西子》，用音乐逐渐走进国风圈层。同时，通过国风仿妆、互动剧情、匠心工艺等方式逐步深入国风圈层。而后，花西子逐步扩大品牌影响力至泛国风圈层，再进一步推至关联的各个圈层。2020年10月7日，花西子携人民日报新媒体及李佳琦共同推出《非一般非遗》纪录片，探索苗银的守护与传承，同期发布"苗族印象"高定系列产品，将品牌意义由国风扩大至非遗，进一步提升了品牌的文化价值。2020年10月24日，花西子携手盖娅传说亮相2021春夏中国国际时装周，带来一场如梦似幻的东方视觉盛宴，在走进服饰、时尚等圈层的同时，更是让东方美学走向了世界。

花西子用东方美学的理念讲述着国风美妆品牌的故事，一步步从西湖边走向全中国，又从中国走向了世界的舞台。光彩背后，是花西子在东方美学营销之路上不断前进的努力。但是随之而来的，也有消费者对花西子"过度营销""网红彩妆"的质疑。可见，只有把握好营销的尺度，品牌才能走得更加长远。

国潮之风下，希望未来有越来越多的品牌可以弘扬东方美学，讲好中国故事，让世界看到更多、更好的中国制造。

二、分析讨论

（1）花西子是如何一步步营销自己的？如何从品牌从无到有宣传的？

（2）根据案例中对花西子的介绍，你认为从互联网的角度它还做了那些推广和宣传。

三、营销实训

实训内容：分析某企业的产品策略，包括产品的功能、产品的质量、产品的特色、产品的定制、产品的包装、产品的服务、产品的配套保证等。

四、实训步骤与要求

（1）教师布置实训任务，指出实训要点和注意事项。
（2）全班分为若干小组，采用组长负责制，组员合理分工、团结协作。
（3）相关资料和数据的收集可以进行实地调查，也可以采用第二手资料。
（4）小组内部充分讨论，认真研究，形成分析报告。

五、实训汇报

（1）小组制作一份 20 分钟左右能够演示完毕的 PPT 文件在课堂上进行汇报，之后其他小组可提出质询，台上台下进行互动。
（2）教师对每组分析报告和任务讨论情况进行点评和总结。

习 题

一、单选题

1. 产品整体概念中，最基本、最重要的部分是（　　）。
   A. 附加产品　　　　　　　　B. 形式产品
   C. 核心产品　　　　　　　　D. 期望产品
2. 某汽车公司原来生产高档轿车，后来又生产一些中低档轿车，这种产品线延伸的策略是（　　）。
   A. 向上延伸　　　　　　　　B. 向下延伸
   C. 双向延伸　　　　　　　　D. 产品线扩充
3. 三叉星圆环是奔驰的（　　）。
   A. 品牌名称　　　　　　　　B. 品牌标志
   C. 品牌象征　　　　　　　　D. 品牌图案
4. 在原有产品的基础上进行革新，使产品性能显著提高的产品属于（　　）。
   A. 全新产品　　　　　　　　B. 改进型新产品
   C. 换代型产品　　　　　　　D. 仿制型新产品
5. 企业以高价高促销向市场推出新产品，这采用了（　　）策略。
   A. 快速渗透　　　　　　　　B. 快速撇取
   C. 缓慢渗透　　　　　　　　D. 缓慢撇取

二、判断题

1. 形式产品是指向消费者提供的产品的基本效用和利益。（　　）
2. 产品包装既可以保护产品在流通过程中品质完好和数量完整，又可以增加产品的价值。（　　）
3. 产品的生命周期是指产品的社会经济寿命。（　　）
4. 新产品一定是新发明创造的产品。（　　）

三、简答论述

1. 产品整体概念对企业营销有什么启示？
2. 结合实际说明产品市场生命周期各阶段特征，以及企业应该采取的营销策略？
3. 新产品的种类有哪些？为什么要重视开发新产品？

项目六

PART SIX

价格策略

知识目标

1. 了解定价的目标与影响因素。
2. 掌握定价的方法。
3. 掌握定价的程序。

能力目标

1. 能够对企业的产品或服务的定价方法（定价策略）进行分析，并能辨别其应用的定价方法或定价策略，分析其优缺点。
2. 能够根据市场的需求，对给定产品进行价格策划。

素质目标

1. 培养诚实守信、遵纪守法，传承工匠精神。
2. 培养爱国主义、增强文化自信。

案例导入

"小米 SU7+雷军"等于最终定价[①]

谈到小米，人们总会想到那部价格亲民的手机。但今天，小米的"野心"已远不止于此。小米汽车的出现，无疑在汽车界掀起了一场风暴。尤其是小米 SU7，它的价格策略更是让人大跌眼镜。而背后的操刀手，正是那位科技大佬——雷军。他深知，想要在竞争激烈的汽车市场立足，仅凭低价是远远不够的。于是，他巧妙地运用了心理学中的"锚定效应"，为小米汽车的价格设定了一个难以逾越的"门槛"。这个"门槛"就像是一道无形的屏障，将小米汽车与普通消费者隔开。当人们看到小米汽车的价格时，心中不由得会与这个"门槛"进行对比。而雷军正是利用这种心理效应，让消费者对小米汽车的价格产生了全新的认识。不仅如此，小米汽车在产品力上也下足了功夫。它不与那些杂牌车进行对比，而是直接对标行业巨

---

① https://mp.weixin.qq.com/s/adAsykaGjwhz5Wseg6RLWA，2024-06-09。

头特斯拉。这种自信和勇气，让人不得不佩服小米汽车的决心和实力。小米 SU7 的推出，更是让人眼前一亮。它不仅在性能上与特斯拉 Model S 不相上下，甚至在价格上还具有一定的优势。这种高性价比的产品定位，让小米汽车在市场上更具竞争力。

当然，小米汽车的定价策略也引发了一些争议。有人认为它定价过高，超出了普通消费者的承受范围。但雷军却表示，小米汽车的定价是基于产品价值和市场需求来确定的。他相信，只有真正高品质、高价值的产品才能赢得消费者的认可和信任。事实上，小米汽车的高端定位并非空穴来风。随着消费者对汽车品质和性能的要求越来越高，高端汽车市场也在不断扩大。而小米汽车正是抓住了这一市场机遇，通过精准的产品定位和营销策略，成功地将自己打造成为了高端汽车品牌的代表之一。除了产品本身的竞争力外，小米汽车还注重与消费者的情感连接。它不仅仅是一款汽车，更是一种生活态度的体现。这种情感化的营销策略，让小米汽车在市场上更具吸引力。对于小米汽车的未来，我们充满了期待。随着市场竞争的加剧和消费者需求的不断变化，小米汽车需要不断创新和完善自己的产品和服务。同时，它也需要借助雷军等核心人物的影响力，不断提升品牌知名度和美誉度。

总之，小米汽车的价格"锚定"策略无疑是一次成功的尝试。它成功地吸引了消费者的目光，并展现出了强大的产品实力和市场竞争力。未来，我们有理由相信，小米汽车将在汽车市场上创造更多的奇迹和辉煌。

任务一　影响定价的因素

影响定价的因素有很多，主要包括企业定价目标、产品成本、市场需求、市场竞争、国家政策。

一、企业定价目标

企业面临的市场环境和竞争条件不同，企业的目标就会有差别。不同的企业有不同的目标，即使同一企业在不同的发展时期也有不同的目标。因此，任何企业都不能孤立地确定价格，必须按照企业的目标市场战略及市场定位战略的要求来进行。企业的定价目标主要有以下几种。

（一）追求利润最大化

追求最大利润，几乎是所有企业的共同目标。但利润最大化并不等于制定最高价格。定价偏高，消费者不能接受，产品销售不畅，反而难以实现利润最大化的目标。同时，高价会刺激竞争者介入和仿冒品增加，更有损于市场地位。一般做法是企业估计不同价格所对应的需求和成本，然后选择能够产生最大现期利润、现金流动和投资回报的价格。

（二）维持企业的生存

如果企业产量过剩，或面临激烈的竞争，或试图改变消费者的需求，则需要把维持生存作为主要目标。为了确保工厂继续开工和使存货出手，企业必须制定较低的价格并希望市场是价格敏感型的。此时，利润比生存要次要，只要其价格能弥补可变成本和一些固定成本，企业便得以生存。

（三）提高市场占有率

企业制定尽可能低的价格来追求市场占有率的领先地位。当具备下列条件之一时企业就可以考虑通过低价来实现市场占有率的提高：（1）市场对价格高度敏感，因此低价能刺激需求的迅速增长；（2）生产与分销的单位成本会随着生产经验的积累而下降；（3）低价能吓退现有的和潜在的竞争者。

（四）维护企业形象

企业在定价时，首先考虑价格水平是否为目标消费群所认可，是否有利于维护企业或以物美价廉或以优质高档而立足市场的企业形象。良好的企业形象是企业长期勤恳积累的结果，是企业宝贵的无形资产与财富。企业在定价时要从全局和长远利益出发，配合营销组合的整体思路与策略，维护企业在消费者心中的良好形象，以获取长期稳定的利润收入。

二、产品成本

如果说竞争决定了产品的最高定价，那么成本就决定了产品的最低定价。任何企业的经营行为最终是为了获取利润，所以从长期来看，任何产品的价格都应高于所发生的成本费用。生产经营过程中的耗费从销售收入中得到补偿，企业才能获得利润，生产经营活动才能继续进行。可见，产品成本是影响企业定价的最基本因素。因此，产品的价格不仅包括所有生产分销和推销该产品的成本，还包括对企业所付出的努力和承担的风险的公允的报酬。

产品的成本可以分为固定成本和可变成本两类。固定成本是指在短期内不随企业产量和销售收入的变化而变化的成本，如厂房设备的折旧费、租金、利息、行政人员的工资等。而可变成本是指随生产水平的变化而直接变化的成本，如原材料费、工资等，企业不开工生产，可变成本就等于零。成本是企业收益的减项，因此降低成本是提高企业经济效益的有效途径之一。

三、市场需求

（一）价格与需求

市场需求是影响企业定价的重要因素，当产品产量高于某一需求水平时，部分产品将无人购买。市场需求通常随着产品价格的上升而减少，随着价格的下降而增加。但是也有一些产品的需求和价格呈正相关关系，如能代表一定社会地位和身份的装饰品及有价值的收藏品等。

（二）价格与供给

供给是指在某一时间内，生产者在一定价格水平下愿意并且能够出售的产品的数量。有效供给必须满足以下两个条件：一是卖方有出售意愿；二是卖方有供应能力。这两者缺一不可。在其他条件不变的情况下，价格与供给之间呈同方向变化：价格上升，供给增加；价格下降，供给减少。

（三）价格与需求弹性

价格会影响市场需求。在正常情况下，市场需求与价格呈负相关关系：价格上升，需求减少；价格降低，需求增加。因此需求曲线是向下倾斜的。但对于奢侈品来说存在着相反的情况，如某些全球限量版的顶级豪华跑车提价后，其需求不降反升。当然，这只是个例。

企业定价必须依据需求的价格弹性，即了解市场需求对价格变动的反应：价格变动对需求影响小，这种情况被称为需求缺乏弹性；价格变动对需求影响大，这种情况则被叫作需求富有弹性。

企业为产品定价时应该充分考虑需求的价格弹性。当产品需求富有弹性时，企业应采取降价策略。这时虽然单位产品的收益会因为降价而减少，但销量增幅更大，因而总收益会增加。当需求缺乏弹性时，企业可以适当提高产品价格，这会增加企业的总收益。对于需求富有弹性的产品不宜采用提价策略，对于需求缺乏弹性的产品不适合采取降价策略，这样做都会使企业的总收益减少。

四、竞争者的产品和价格

一个正在考虑购买佳能照相机的消费者会把佳能照相机的价格和质量与其他竞争产品进行比较。所以，企业必须采取适当方式，了解竞争者所提供的产品的质量和价格，与竞争产品比质比价，更准确地制定本企业产品的价格。如果两者的质量大体一致，则两者的价格也应大体一样，否则可能影响本企业产品的销售。例如，假设佳能照相机类似于尼康照相机，那么佳能将不得不把价格定得接近于尼康，否则就会影响销售。如果本企业产品质量较高（如佳能照相机比尼康好），则价格可以定得较高；如果本企业产品质量较差（如佳能照相机不如尼康好），那么价格就应定得低一些。

拓展案例

2024新能源汽车市场价格战，车企该如何突围？[①]

进入2024年，由比亚迪吹响号角，在新能源汽车市场掀起了一波降价潮。比亚迪两款新车型秦PLUS荣耀版和驱逐舰05荣耀版率先冲锋，起售价大幅下调至7.98万元。随后五菱、长安、哪吒汽车、吉利、小鹏、零跑和凯迪拉克等车企加入战局，接连公布了一系列的优惠措施。而作为新能源汽车行业的重要参与者的广汽埃安，也在短短五天内迅速反应，接连三次公布降价策略，先是推出了售价9.98万元的埃安Y Plus星耀，紧接着官宣AION S MAX星瀚、AION V Plus 80Max降价23 000元。可以说，这次的降价潮，不仅推动了新能源汽车品牌在销量和排名上的提升，也预示着从今年开始，整个汽车市场的竞争将变得更加激烈。

当然，降价虽然可以在一定程度上提升产品的竞争力，但车企如果只靠这一种策略来应对接下来竞争更加激烈的市场显然是不够的。要知道，尽管新能源汽车来势汹汹，可传统合资车企也不可能眼睁睁看着自己的"蛋糕"被别人分走，新能源汽车在降价，曾经20万元起步的合资B级燃油车也在降价，像丰田凯美瑞、本田雅阁、大众帕萨特等车型的终端价可能已经降至15万元左右了。

其实我们可以从目前大众认知度较高的新能源汽车品牌中发现，它们均存在一个共同点：那就是更注重加强自身的产品竞争力，通过在技术升级、用车体验提升等方面入手来吸引消费者，如比亚迪的DM-i超级混动技术、刀片电池和e平台3.0以及最新的"云辇平台""易四方""CTB一体化车身"等。在新能源汽车"智驾"时代，AITO凭借HarmonyOS智能座舱、华为ADS高阶智能驾驶系统等获得了消费者的认可。

总而言之，新能源汽车市场已经过了野蛮生长的阶段，2024年对于国内新能源车企很可能会是非常关键的一年。同时，这场"厮杀"就如同一场考试一般，真正有实力的车企才能更好地立于不败之地，否则就会在这场没有硝烟的战争中，成为时代的尘埃。价格战的尽头是价值战。

[①] https://mp.weixin.qq.com/s/E-jEPj8yBYScgT8AY1LPBA，2024-08-11。

五、国家方针、政策和法律法规

在社会主义市场经济条件下,社会主义基本经济规律对定价同样有重要的作用。企业定价时必须符合社会整体利益,必须执行和遵守国家的有关方针政策和法律法规。党和国家的方针、政策、法律、法规是根据一定时期国内政治经济状况及客观经济规律的要求而制定的。坚持党和国家的方针政策,执行和遵守各项法律法规是定价中遵循社会主义基本经济规律的具体体现,是使产品价格既不脱离国家政策轨道又具有一定灵活性的要求。

任务二　定价方法

定价的方法主要有三种，即成本导向定价法、需求导向定价法、竞争导向定价法。

一、成本导向定价法

所谓成本导向定价法，是指企业依据提供的成本决定价格。成本导向定价法的主要优点有：它比需求导向定价法更简单明了；在考虑生产者获得合理利润的前提下，企业会维持一个适当的盈利水平，当需求旺盛时，顾客购买费用可以合理地降低。成本导向定价法有如下几种具体方法：

（一）成本加成定价法

成本加成定价是按照单位成本加上一定百分比的加成来制定产品销售价格的方法。成本加成定价公式为：

$$P=C(1+R)$$

式中：P 为单位产品售价；C 为单位产品成本；R 为成本加成率。

例如，某商品的成本为 800，设定的成本加成率为 30%，计算该产品的定价。答案就是：定价=800×（1+30%）=1 040（元）

此种方法的优点是简便易行，在正常情况下，可以使企业获得预期利润。但定价时只考虑产品成本，忽略了市场需求等因素，缺乏灵活性，难以适应变化的市场竞争环境。

但是成本加成定价法还是很流行的，这有许多原因：第一，成本的不确定性一般比需求少，盯住单位成本定价，可以大大简化企业的定价程序；第二，只要行业中所有企业都采用这种定价方法，则价格在成本与加成相似的情况下也大致相同，价格竞争也会因此降至最低限度；第三，许多人感到成本加成定价法对卖方和买方来讲都比较公平，当买方需求强烈时，卖方不利用这一有利条件谋取额外利益而仍能获得公平的投资报酬。

（二）目标利润定价法

目标利润定价法又称目标收益定价法或目标回报定价法，是根据企业预期的总销售量与总成本确定一个目标利润率的定价方法。

目标利润定价法的目标是保证企业达到预期的目标利润率。运用这种方法进行定价时需要用到收支平衡。

目标利润定价法的计算公式为：

目标利润=（单位变动成本+单位固定成本）×预计销售量×成本利润率

产品出厂价格=[（单位变动成本+单位固定成本）×（1+成本利润率）]/（1－税率）

二、需求导向定价法

需求导向定价法是一种以市场需求强度及消费者感受为主要依据的定价方法，包括认知价值定价法、反向定价法和需求差异定价法三种。

（一）认知价值定价法

认知价值定价法又称理解价值定价法，是指企业根据消费者对产品的认知价值来制定价格的一种方法。

认知价值定价法的指导思想是：决定商品价格的关键因素是消费者对商品价值的认知水平，而不是买方的成本。因此，在定价时先要估计和测量营销组合中的非价格变量在消费者心目中建立起来的认知价值，然后根据消费者对商品的认知价值制定商品的价格。

运用认知价值定价法的关键在于准确地计算产品所提供的全部市场认知价值。对消费者认知价值估计得过高或过低，都会影响定价。企业如果过高地估计认知价值，便会定出偏高的价格；如果过低地估计认知价值，则会定出偏低的价格。为准确把握市场认知价值，必须进行市场营销调研。

如果某一家企业的定价低于其认知价值，则它将得到一个高于平均数的市场占有率，因为当消费者与企业打交道时，其支付的货币可换回更多的价值。

（二）反向定价法

反向定价法又称可销价格倒推法，是指企业依据消费者能够接受的最终销售价格，计算自己从事经营的成本和利润后，逆向推算产品的批发价和零售价。这种定价方法不以实际成本为主要依据，而是以市场需求为定价出发点，力求使价格为消费者所接受。分销渠道中的批发商和零售商多采取这种定价方法。

（三）需求差异定价法

需求差异定价法是根据销售对象、销售地点和销售时间等条件的变化所产生的需求差异来确定价格的一种方法。这种定价方法的好处是可以使企业定价最大限度地满足市场需求，促进商品销售，有利于企业获取最佳的经济效益。

根据需求特性的不同，需求差异定价法通常有以下几种形式。

（1）以消费者为基础的差别定价，指对针对不同消费者的同一产品制定不同的价格；

（2）以时间为基础的差别定价，指同一种产品虽然成本相同，但价格随季节、日期等的不同而变化；

（3）以地点为基础的差别定价，随着地点的不同而制定不同的价格，比较典型的例子是影剧院、飞机、高铁等，其座位不同，票价也不一样。

三、竞争导向定价法

竞争导向定价法通常有两种具体方法，即随行就市定价法和投标定价法。

（一）随行就市定价法

随行就市定价法是指企业按照行业的平均现行价格水平来定价。在以下情况下往往采取这种定价方法：（1）难以估算成本；（2）企业打算与同行和平共处；（3）如果另行定价，很难了解消费者和竞争者对本企业价格的反应。

不论市场是完全竞争的市场，还是寡头竞争的市场，随行就市定价法都是同质产品的惯用定价方法。

在完全竞争市场上，销售同类产品的各个企业在定价时实际上没有多少选择余地，只能按照行业的现行价格来定价。某企业如果把价格定得高于市价，产品就卖不出去；反之，如果把价格定得低于市价，也会遭到降价竞销。在寡头竞争市场，企业也倾向于和竞争对手要价相同。这是因为，在这种市场上只有少数几家大企业，各企业彼此十分了解，消费者对市场行情也很熟悉，因此各大企业的价格稍有差异，消费者就会转向价格较低的企业。所以，按照现行价格水平，在寡头竞争的需求曲线上有一个转折点。如果某企业将价格定得高于这个转折点，需求就会相应减少，因为其他企业不会随之提价（需求缺乏弹性）；相反，如果某企业将其价格定得低于这个转折点，需求则不会相应增加，因为其他企业可能也降价（需求有弹性）。总之，当需求有弹性时，寡头企业不能通过提价而获利；当需求缺乏弹性时，寡头企业也不能通过降价而获利。

在异质产品市场上，企业有较大的自由度决定其价格。产品差异化使消费者对价格差异不甚敏感。企业相对于竞争者总要确定自己的定位，或充当高价企业角色，或充当中价企业角色，或充当低价企业角色。总之，企业总要在定价方面有别于竞争者，其产品策略及市场营销方案也要尽量与之相适应，以应付竞争者的价格竞争。

（二）投标定价法

投标定价法即政府采购机构在报刊上登广告或发出函件，说明拟采购商品的品种、规格、数量等具体要求，邀请供应商在规定的期限内投标。政府采购机构在规定的日期内开标，选择报价最低的、最有利的供应商成交，签订采购合同。某供货企业如果想做这笔生意，就要在规定的期限内填写标单，上面填明可供应商品的名称、品种、规格、价格、数量、交货日期等，密封送给招标人（即政府采购机构），这叫作"投标"。这种价格是供货企业根据对竞争者报价的估计制定的，而不是按照供货企业自己的产品成本或市场需求来制定的。供货企业的目的在于赢得合同，所以它的报价应低于竞争对手的报价。这种定价方法叫作"投标定价法"。

然而，企业不能将其报价定得低于某种水平，确切地讲，它不会将报价定得低于边际成本，以免使其经营状况恶化。如果企业报价远远高于边际成本，虽然潜在利润增加了，但却减少了取得合同的机会。

任务三　定价策略

定价策略有新产品定价策略、心理定价策略、折扣定价策略和差别定价策略。

一、新产品定价策略

企业开发出新产品，定价是非常重要也是非常慎重的问题。常见的新产品定价技巧和策略有撇脂定价策略、渗透定价策略和满意定价策略三种。

（一）撇脂定价策略

撇脂定价策略是指在新产品上市初期，把价格定得高出成本很多，以便在短期内获得最大利润。这种策略如同把牛奶上面的那层奶油撇出一样，故称之为撇脂定价策略。

这种定价策略的优点在于：新产品上市时需求弹性小，竞争者尚未进入市场，利用高定价不仅能满足消费者求新、求异和求声望的心理，而且还可获得丰厚的利润；同时，高定价可以为今后降价策略留有空间，为排斥竞争者或扩大销售提供可能。其缺点是：价格过高不利于开拓市场，甚至会受到抵制；同时，高价投放形成的旺销，容易使众多竞争者涌入，从而造成价格急降。

从营销实践来看，以下条件的企业可以采用这种定价策略：

（1）市场有足够的购买者，他们的需求缺乏弹性，即使把价格定得很高，市场需求也不会大量减少；

（2）高定价所减少的需求、产量以及所增加的单位成本，不至于抵消高定价所带来的利益；

（3）在高价情况下，仍然独家经营，别无竞争者，如受专利保护的产品；

（4）目的明确，为了树立高档产品形象。

（二）渗透定价策略

渗透定价策略和撇脂定价策略相反，它以低价为特征，即把新产品的价格定得较低，使新产品在短期内最大限度地渗入市场，打开销路。就像把水倒入泥土一样，很快地通过缝隙渗透到底部。

这种定价策略的优点在于能使产品凭价格优势顺利进入市场，并且能在一定程度上阻止竞争者进入该市场。其缺点是投资回收期较长，且价格变化余地小。

新产品采用这一定价策略应具备以下条件：

（1）新产品的价格需求弹性大，目标市场对价格极为敏感，一个相对较低的价格能刺激更多的市场需求；

（2）产品打开市场后，通过大量生产可以促使制造和销售成本大幅度下降，从而进一步做到薄利多销；

（3）低价打开市场后，企业在产品和成本方面树立了优势，能有效地排斥竞争者的介入，长期控制市场。

（三）满意定价策略

满意定价策略是介于上面两种策略之间的一种新产品定价策略，即将产品的价格定在一个比较合理的水平，既能使顾客比较满意，又能让企业获得适当利润。这是一种普遍使用、简便易行的定价策略，因其兼顾生产者、中间商、消费者等多方面的利益而广受欢迎。但这种策略由于过于关注多方利益，反而缺乏开拓市场的勇气，仅适用于产销较为稳定的产品，而不适合需求多变、竞争激烈的市场环境。

拓展案例

撇脂定价法：苹果的套路[①]

2018年7月，苹果公司发布了新款手机——iPhone XS，售价高达8 000多元人民币，相当于其他品牌同等配置机型的三到四倍。这种高价是否会让很多消费者望而却步呢？或许会，但对于苹果而言，这并非问题。苹果巧妙地运用了一种被称为"撇脂定价法"的策略，通过高价塑造品牌形象，迅速收回投资，并在新产品上市初期实现高额利润。

苹果的套路：高价与降价

苹果的高价策略引人瞩目，但也是他们成功的关键之一。新品上市的初期，苹果通过设定高昂的价格，吸引了那些愿意为时尚、高端产品付出溢价的"果粉"。这些消费者并不介意支付更多的钱，将苹果手机视为一种身份和时尚的象征。这一高价定位让苹果成功地塑造了自己的品牌形象，成为众多用户眼中的"倍儿有面儿"。然而，苹果并非只有高价一招。在高价推出新品的同时，苹果采用了另一招，即在推出新款产品的同时，立即降价旧款产品。这种策略的巧妙之处在于：一方面拓宽了消费人群，让那些不追求最新功能和设计的人也有机会购买苹果手机；另一方面，这让忠实的"果粉"迅速换购新产品，推动了市场的活跃度。这种高价与降价结合的套路，使苹果在市场中保持了高额的利润，并继续蝉联"全球最赚钱公司"的称号。

撇脂定价法的好处与限制

这种定价法的好处在于，能够在新产品上市的初期就实现高额利润，迅速收回投资。对于一些受限于现金流的企业，这种快速回收投资的能力至关重要。然而，撇脂定价法也有一些限制，不能盲目运用。首先，该策略需要有足够多愿意为产品付出溢价的消费者，即有用户做"冤大头"。这些消费者对价格不敏感，敢于尝试新鲜事物，有一定的购买能力。苹果成功地运用了这一点，将其产品定位为高端、时尚，吸引了一大批"果粉"。其次，撇脂定价法需要有技术上的"护城河"。在新兴行业中，有技术壁垒的企业可以更容易地采用高价策略，因为很少有其他企业能够生产出类似的产品。这种情况在医药行业尤为明显，新药专利期内的高价就是一个例子。最后，品牌的影响力是成功使用撇脂定价法的试金石。品牌必须具备足够的影响力，让消费者愿

[①] https://mp.weixin.qq.com/s/X1vLwPIDMU_AbdakYY3L7w，2024-01-12.

意为高价买单。然而，品牌的影响力也是一个动态的因素，一旦竞争加剧，品牌的影响力可能会下降，从而使得撇脂定价法变得不再好用。

结语

撇脂定价法是苹果成功的一个关键策略，通过在新产品上市初期制定高价，迅速回收投资，实现高额利润。然而，这并非适用于所有情况的通用定价法则。企业在采用这一策略时，需要仔细考虑市场条件、消费者行为和品牌影响力等因素。撇脂定价法的成功取决于对市场的准确洞察和对消费者需求的精准把握。在商业竞争激烈的环境中，企业需要灵活运用各种定价策略，以取得市场份额，保持竞争力。

二、心理定价策略

心理定价策略是根据消费者的消费心理定价，使产品价格对消费者具有吸引力，能够促使消费者做出购买决定的定价策略。心理定价策略有以下几种。

（一）尾数定价

去超市购物，人们经常会看到产品的价格为"9.9 元""99.8 元"，而非整数的"10 元""100 元"。这种定价方法称为尾数定价，即给产品定一个非整数价格。对于日用品，消费者乐于接受有零头的价格。这种尾数价格往往能使消费者产生一种产品便宜且定价精确的感受。一般情况下，低值易耗品常采用尾数定价的方法。例如，飘柔日常护理洗发液，超市建议零售价为 29.9 元，特意留几角的零头。这种定价法给消费者一种价格很实惠的感觉。

（二）整数定价

与尾数定价相反，企业在定价时，有意将产品价格定为整数，以显示产品具有一定的质量，从而迎合消费者"便宜无好货，好货不便宜"的心理。有些产品（如高档产品、耐用品等）价值较高，消费者难以掌握其质量、性能，因此在外观条件相近的情况下，消费者会产生价格高、品质也高的心理反应。对于礼品、工艺品，企业采用整数定价，会使产品显得"高档"。对于方便食品、快餐以及在人口流动比较大的地方售卖的产品，企业采用整数定价，迎合消费者的"惜时"心理，同时也便于消费者做出购买决策。

（三）声望定价

声望定价是企业利用消费者追求品牌产品的心理，故意把产品价格定得较高的策略。高价能维护企业或产品的良好声誉，增强消费者购买产品后的优越感。有些品牌产品即使在销售的淡季也不降价，企业对有质量问题的产品宁可销毁也不降价销售，始终保持该产品在市场上的良好形象和稳固地位，进一步坚定了消费者对该产品的信心。"借声望定高价，以高价扬声望"是该定价策略的要领。此种定价策略有两个目的：一是提升产品的形象，以价格说明其品质；二是满足消费者的欲望，适应消费者的消费心理。

（四）习惯定价

某种产品，由于同类产品多，在市场上形成了一种习惯价格，个别生产者难以改变，而消费者也已经习惯这个价格。针对这类产品，企业一般应依照消费者习惯的价格进行定价，不要随便改变价格。因为一旦降价容易引起消费者对产品品质的怀疑，涨价则可能受到消费者的抵制。

（五）招徕定价

招徕定价又称特价产品定价，是一种有意将少数产品降价以招徕消费者的定价方式。产品价格低于市场价格，一般都能引起消费者的注意，满足了消费者的"求廉"心理。企业采用这种策略时，一般对部分产品降价，从而带动其他产品的销售。例如，一些大型超市将特定的产品以低价出售，作为宣传来吸引消费者。在新店开业时这种情况比较常见，店家为了吸引消费者，选择一种或少数几种产品，以远远低于市场价格的价格出售。店家无法通过这类产品获利，但可通过店内其他产品的销售获利。

三、折扣定价

折扣定价主要有以下几种类型。

（一）现金折扣

现金折扣是指对在约定期限内或提前付清账款的客户给予价格折扣的一种策略。其目的是加速企业资金周转、减少收费费用和降低产生坏账的风险。运用现金折扣策略应该注意三个要素，即折扣率、给予折扣的限制时间和付清货款的期限。例如，交易条款上写到"3/10，2/20，N/30"，表明限定30天内付清货款，如果10天内付清给予3%的现金折扣，如果10～20天内付清货款给予2%的现金折扣。

（二）数量折扣

数量折扣是指企业给予那些大量购买产品的客户一定的价格优惠，客户购买数量越多，优惠力度也就越大。企业实施数量折扣策略的目的是鼓励客户购买更多的产品，因为客户的大量购买能够帮助企业降低生产、销售环节的成本费用。数量折扣分为累计数量折扣和非累计数量折扣两种形式。累计数量折扣是指企业规定客户在一定期限内，累计购买量超过规定数量或金额可以获得价格折扣，目的在于与客户保持长期稳定的合作关系。而非累计数量折扣则按照每次购买的数量或金额确定折扣率，目的是尽可能鼓励客户一次性大批量购买，以减少库存和降低流通费用。

（三）功能折扣

功能折扣也称贸易折扣，是指企业给予批发商或零售商一些额外价格折扣。企业这样做的目的是促使中间商执行推销、储存和服务等营销功能。此外，通过给予中间商一定的价格折扣，企业可以鼓励中间商大批量订货，从而提高企业的销量，与中间商建立长期、稳定、良好的合作关系。折扣的多少依据中间商在工作中承担功能的多少而定。

（四）季节折扣

季节折扣策略是指企业在产品销售淡季时给予客户一定的价格优惠。例如，客户在冬天买空调或在夏天买羽绒服都能获得一定的价格优惠。企业实施季节折扣的目的是鼓励中间商和客户在淡季购买产品，以减少库存、加速资金流通。

四、差别定价策略

差别定价策略也称歧视定价策略，是指企业针对不同消费者、不同地点和不同时间对同一产品采取不同的定价。差别定价主要有以下几种类型。

（一）消费者差别定价

消费者差别定价是指企业将同一种产品或服务以不同的价格销售给不同的消费者。例如，城市里的公交车对老年人免费、对小学生优惠等。

（二）产品形式差别定价

产品形式差别定价是指企业为不同型号或不同款式的产品分别制定不同的价格。例如，用同种布料做出的服装因款式不同、消费者的接受程度不同，企业为其制定的销售价格也不相同。

（三）地点差别定价

地点差别定价是指企业为处于不同位置的产品或服务制定不同的价格，尽管这些不同位置的产品或服务在成本上并无差别。例如，火车上的上、中、下卧铺票价不同，体育场的前排和后排座位价格也不同。

（四）时间差别定价

时间差别定价是指企业根据季节、月、日甚至一天中的不同时段为同一产品制定不同的价格。例如，收费公路在国家法定节假日内对通行的 7 座及以下小型客车免收通行费，但超过某一时间点之后就会恢复执行原来的收费标准。

（五）渠道差别定价

渠道差别定价是指企业为经不同渠道出售的同一产品制定不同的价格，这样做的目的是保证渠道价格的稳定，保证中间商获得一定的利润。为此，企业为批发商零售商和最终消费者制定了不同的产品价格。

（六）包装差别定价

产品包装定价是指企业为不同规格和形式的产品，分别制定不同的价格，但是不同规格和形式的产品的价格差额和成本费用之间的差额并不成比例。这种定价策略多用于化妆品、洗护用品、药品和保健品等。

实训七　案例分析

一、阅读案例

小米定价全过程揭秘，雷军的智慧[①]

商场上讲"定价定天下"，定价的重要性不言而喻。随着小米汽车发布会的结束，小米的最后的秘密——价格也被揭开。你以为小米的定价真的难产吗？真的是昨晚才揭幕吗？如果你真的这样以为就错了。如果评选"卷王"，谁能比得过雷军呢？这个年代，要想卖的好，就要做"焦点"，上"热搜"。但是在新能源汽车舞台上，各大车企话题炒作均不断，尤其是早于小米 SU7 发布的理想 MEGA。雷军深谙上"热搜"之道，我不跟你比增程还是纯电，我也不跟你比里程，你们既然关注"价格"，那我就从价格着手。

接着，雷军抛出了"小米 SU7 的价格不会是 9.9 万、不会是 14.9 万、也不会是 19.9 万"的话题，开启全民对小米 SU7 的"价格猜想"。这时距离发布会还有差不多 3 个月的时间，小米的价格成为热点，从汽车专家，到"网红"李国庆，到普罗大众，大家都在为小米"出谋划策"。雷军在发布会最后还鞠躬恳请大家口下留情，伸手不打笑脸人，雷军的低调让挑剔者失去了道德高地。当然雷军也会引导走向，比如中间抛出"确实会有点贵"，这就是在调整预期，引导大家往高处想，同时释放预期。小米汽车发布会的整个过程，都紧扣一个"真"字，就像一位兄弟带着满身的伤痕微喘着气讲："大哥，我尽力了"。你能不动心、能不相信吗？当然雷军不只靠讲，而是把自己剖开给你一个个地展示，这个多少钱，那个多少钱，这足够真诚了吧。一般人报价，会在最后把成本讲出来，"这个进价就多少，我就赚了多少"，达到致命一击。而雷军放在了最前面，这虽然不符合报价的思路，但符合算账的思路。于是你就像自己人一样跟着雷军一起在计算这辆车究竟值多少钱。为什么要看工厂呢？因为汽车毕竟不是方向盘加上车轮子，是一个系统，而系统的精确性则与生产能力高度相关，所以小米工厂是小米汽车的根本保障。在做了一系列的铺垫之后，雷军终于亮价了。就在大家来不及讨论的时候，雷军又抛了一个炸弹。2024 年 4 月 30 日前下定，免费送价值 16 000 元的车载智能冰箱、25 扬声器豪华音响系统、Nappa 真皮座椅，并可终身使用 Xiaomi PilotPro 智驾增强功能。于是，定价还是不是 21.59 万元了呢？这就是定价中的另外一个技巧——促销价，通过促销价可以缓和大家对定价认知的直接冲击，从而给价格的进一步操作带来缓和。用户这时候讲了，虽然我觉得你讲得也够真诚，但是我还是不放心，也许别人家的比你更好呢？谁买东西还不是要货比三家呢？价格一发布就进入了订单环节，开场的火爆程度，直接决定了小米 SU7 会不会见光死，怎么能让用户犹豫呢？于是雷军就拿出了特斯拉 Model 3 和法拉利与小米对比。于是就进入了雷军更擅长的环节："造车很苦，但成功一定很酷""很多人都

[①] https://mp.weixin.qq.com/s/TBoMHav7IQJEPHpMXR8EFw，2024-07-20.

问我,小米 SU7 是为谁造的?小米 SU7,是为这样的人造的:他们心中有火、眼里有光、不甘于平庸,还在为梦想奋斗。他们向往先进的科技,渴望幸福的生活;在任何时候,浑身都闪耀着乐观与自信的光芒。"

二、分析讨论

(1)小米新产品的定价属于什么定价方法?
(2)小米定价的优势是什么,劣势是什么?

三、营销实训

实训内容:分析某企业的定价策略及价格变动策略。

四、实训步骤与要求:

(1)教师布置实训任务,指出实训要点和注意事项。
(2)全班分为若干小组,采用组长负责制,组员合理分工、团结协作。
(3)相关资料和数据的收集可以进行实地调查,也可以采用第二手资料。
(4)小组内部充分讨论,认真研究,形成分析报告。

五、实训汇报

(1)小组制作一份 7~10 分钟能够演示完毕的 PPT 文件在课堂上进行汇报,之后其他小组可提出质询,进行互动。
(2)教师对每组分析报告和任务讨论情况进行点评和总结。

习 题

一、单选题

1. 在企业产能过剩、面临激烈竞争或试图刺激消费者需求的情况下，企业的主要定价目标是（　　）。
   A. 维持企业生存　　　　　　B. 企业利润最大化
   C. 提高市场占有率　　　　　D. 维护品牌形象

2. 某服装店售货员把相同的服装以 800 元卖给消费者 A，以 600 元卖给消费者 B，该服装店的定价策略属于（　　）。
   A. 客户细分差别定价　　　　B. 产品形式差别定价
   C. 产品细分差别定价　　　　D. 时间差别定价

3. 为鼓励消费者购买更多的商品，企业给那些大量购买商品的消费者的一种价格优惠称为（　　）。
   A. 功能折扣　　B. 数量折扣　　C. 季节折扣　　D. 现金折扣

4. 企业利用消费者追求品牌产品的心理，对质量不易鉴别的产品的定价适合用（　　）策略。
   A. 尾数定价　　B. 招徕定价　　C. 声望定价　　D. 反向定价

5. 在产品组合定价中，企业出售一组产品的价格应（　　）单独购买其中每一产品的费用总和。
   A. 高于　　　　B. 等于　　　　C. 低于　　　　D. 不低于

二、判断题

1. 竞争导向定价法包括随行就市定价法和需求差异定价法。（　　）
2. 面对激烈的竞争，企业为了生存和发展，在任何时候都应始终坚持只降价不提价的原则。（　　）
3. 提价会引起消费者、经销商和企业推销人员的不满，因此提价不仅不会使企业的利润增加，反而会导致利润减少。（　　）
4. 价格降低就一定能提升销量。（　　）
5. 奢侈品定价策略属于招徕定价策略。（　　）

三、简答论述题：

1. 简述影响企业定价的因素有哪些？
2. 产品定价的方法有哪些，如何运用？
3. 阐述新产品的定价方法以及其各自优缺点是什么？

项目七 PART SEVEN
分销策略

知识目标

1. 了解分销渠道的概念与类型。
2. 掌握分销渠道的模式。
3. 掌握分销渠道的决策。
4. 了解中间商与电子商务渠道。

能力目标

1. 能运用恰当的方法进行渠道设计和选择。
2. 能对渠道进行有效的管理。

素质目标

1. 在营销工作中能主动承担责任，敢于执行新任务，具有较强的创新精神。

案例导入

王老吉，社区小店如何成为品牌的新增长[①]

在国内的大消费市场，百万社区小店是极其重要的终端销售场景。然而，对大部分品牌方来讲，却很难真实有效地运营这个重要场景。其实，背后的原因也很好理解。这些社区小店往往分布得杂而广泛，几乎遍布各地消费市场的"毛细血管"。正因为如此，不同区域的社区小店所面对的消费群体标签各异，且人流量大，这些都是品牌方需要的用户数据。

◆ 掌控社区小店，王老吉算了一笔好账

对于品牌而言，社区小店是兵家必争之地，因为它几乎是所有深度分销的品牌"产粮"的地方，是利润的主要来源。但长久以来，品牌方难以管理小店市场，因为铺货的大多是经销商，管理路径长，做数据同步费时费力，而且小店店主的数字化意识也不够强。

而在另外一端，许多小店的生存也比较艰难，根据不同区域定位，小店的选品区别也非常大。过去很多品牌用陈列费或者一些其他赠品去和小店店主沟通商品分销，但可能会出现店主拿了货，卖不出去，结果砸手里的情况。

[①] https://baijiahao.baidu.com/s?id=1755190224860076687&wfr=spider&for=pc，2023-09-10.

如何有效地激活位于不同城市、种类繁多的线下终端小店成为了摆在所有行业从业者面前的一道增长瓶颈。

作为饮料行业的代表企业，王老吉就非常重视经销网络在社区小店的新布局，通过经销商、代理商、邮差商等渠道经销体系实现产品深度分销。同时，王老吉也一直关注包括品牌、营销、渠道层面的数字化转型，并做了非常多的尝试。

2022年，王老吉以新品"荔小吉"为试点产品，借助支付宝小店数字化解决方案开展营销活动，和2万家线下小店渠道充分合作，把营销物料放到了小店的收银台和货架上，实现了终端小店场景一店一码的TOC单品营销。

◆ 小店数字化要快速落地，与平台合作是关键

面对百万之巨的社区小店，品牌需要用一张看不见的数字网、用统一的营销后台来进行营销活动的管理，才能真正激活这一终端场景。因此，对品牌方来讲，找到连接小店与自身的支点就很重要。

这次王老吉的新品推广，就是选择与支付宝平台合作。

顾客在购买"荔小吉"新品时，可以在线下收银台扫码进入王老吉小程序领取和使用优惠券，并直接通过线上完成支付流程。订单完成后，通过支付宝的分账能力，小店可以获得商品的原价收入，这其中包含了顾客支付的金额和品牌预设的营销资金。之后，品牌基于线上订单数据可以进行小店渠道营销精细化管理。

在这次的活动中，王老吉借助支付宝平台的能力，快速地打通了线上线下的零售链路，在消费者中产生了一个极强的曝光度；其次，由于支付宝提供了诸多的底层服务（如支付分账、风控等），对品牌方线下业务的开展效率也有了很大的提升；最后，也是对品牌方极其重要，用户在无感知地扫码之后，品牌方可以分析其用户画像、消费习惯等，为品牌以后的新品研发、促销都提供了宝贵的数据。

为了让品牌与社区小店实现双赢，支付宝服务商开心果打造了社区小店场景数字化的两个方案，一个是一物一码的解决方案，一个是基于用户营销的小店解决方案。前者专注于服务店主，让品牌更好地与店主互动；后者专注于服务C端用户，让品牌营销能直接触达C端。这两个方案都致力于去提升社区小店场景的数字化能力，也帮助越来越多的品牌找到突破瓶颈的密钥。

对于零售小店来说最重要的就是SELL-IN（销售推广）和SELL-OUT（销售完成），而品牌整合经销渠道的BC一体化就是围绕这两件事展开，帮助自己更清楚货到了哪里，卖给了谁，营销费用怎么花的。

◆ 小店数字化实现三赢局面

在一张小小的二维码和随用随点的小程序之下，经销品牌和小店就实现了渠道数字化能力的提升，这种模式对整个行业都是利好的，可以形成一个三赢局面。

首先是消费者。在二维码之下，实际上消费者能够享受到品牌推出的各种优惠活动以及第一时间了解到最新的促销信息。很多场景之下，支付宝二维码背后的数字化能力，能让消费者在无感之下就完成了消费购物的最优选择。

其次是百万社区小店。由于数字化能力的提升，这些社区小店也能参加品牌方的促销活动。也就是说，遇到大促时节，消费者不需要跑到零售商超就能享受到同样的优惠，这也极大地唤醒了消费者对这些社区小店的热情，自然提升了小店的销售能力。

最后是品牌方。对品牌方来说，由于远离销售终端，这些社区小店是十分难以把控的。但支付宝平台的介入，很好地解决了这个问题。现在，品牌方可以知道不同小店不同消费者的消费习惯和偏好，可以根据市场反应，及时做出相应的策略调整。

在数字化的浪潮下，越来越多的品牌选择与平台进行合作。像王老吉、百事可乐、脉动、桃李在内的许多品牌，都与支付宝进行了深度合作，并取得了不错的成绩。

◆ 王老吉新潮营销，老品牌焕发新活力

当然，除了社区小店的渠道数字化外，王老吉也在寻找品牌营销数字化的可能性。

早在2014年，王老吉便发布了"超吉+"战略，围绕消费者构建凉茶大数据平台，探索凉茶产业数字化升级。通过"一罐一码"技术，以产品为入口，实现消费者的连接和互动，提升产品销量，目前平台会员数已超过1 900万。

同时，王老吉作为国内首个推出私人定制服务的饮料品牌，积极开拓饮料行业 C2M（从消费者到生产者）个性化定制商业模式，依托支持一罐起个性化定制到大批量生产的敏捷柔性生产线体系，满足市场大B、小b、C端的消费者个性化定制需求。

王老吉个性化定制罐自2018年上线以来，已为超过30万消费者提供个性化定制产品，为近100家品牌及企业客户提供专属定制服务。最近，一年一度的"集五福"活动如期而至。今年的五福福气店里，用福卡可以换王老吉五福IP定制罐"福老吉"，一开换就被一抢而空，可以说是一"吉"难求。

此外，王老吉还和支付宝鲸探联合发布了两款数字藏品，用年轻消费者喜欢的新技术新时代趋势来打造自己的品牌 IP。依托数字藏品加定制罐的 IP 联动、虚实结合的玩法让王老吉进一步吸引着年轻群体的喜爱。

不管是收集五福还是推出数字化藏品，背后的根本原因在于消费者在不同时代下，消费的心理和需求是不一样的。于当下而言，主流消费群体接触到的信息和新鲜事物越来越多，好玩的、有趣的、但同时又更加追求实际效果的营销方式，才能真正地影响这代消费者，真正地去推广自己的品牌。

数字化趋势之下，不管是社区小店这样的经销渠道，或者是王老吉这样的国民消费品牌，都离不开借助支付宝这样的平台，来实现数字化效能的提升。王老吉的成功运营经验，很好地证明了借助平台之力，实现了消费者、品牌、渠道之间的三赢。

数字化浪潮背后，以王老吉为代表的消费品牌，正在线下渠道迎来了一个重要的增长期。相信未来更长的一段时间，中国快消品行业还能有更大的发展空间。

任务一　分销渠道的概念与类型

在市场营销的宏大画卷中，分销渠道的角色显得尤为重要。通常情况下，一件商品从制造商到最终消费者手中的这个过程中，会经过一系列环节，这就是分销渠道。这个过程不仅涵盖了物理的流动，也包含了所有权、信息和支付的转移。理解和掌握分销渠道的概念与类型，是实施有效市场营销策略的关键。本任务将探讨分销渠道的概念与类型，旨在帮助学生了解分销渠道的重要性和不同类型的渠道选择。

一、分销渠道的概念和组织类型

（一）分销渠道的概念

分销渠道的概念是什么呢？简单来说，分销渠道指的是产品从制造商到消费者或最终用户的路径。它包含了一系列的步骤，这些步骤可能包括生产、加工、包装、储存、运输、销售和服务。这些步骤中的任何一个或者多个可能会由不同的机构或者个人来完成。例如，一个商品可能由制造商制造，然后由批发商批发，再由零售商销售，最后到达消费者手中。然而，分销渠道不仅仅是一个单向的物流过程，它也包含了信息、支付以及所有权的流动。例如，消费者通过分销渠道获取产品信息；支付可以通过分销渠道从消费者传递到制造商；商品的所有权也会在分销过程中从制造商转移至消费者。这些流动构成了分销渠道的核心要素。

本书研究的渠道，是指产品或服务从生产商向最终用户（包括消费者用户和企业用户）转移过程中，所经过的由各中间环节连接而成的路径，这些中间环节包括生产商自设的销售机构、批发商、零商、代理商、中介机构、电商、直播带货网红、经纪人等。

有的教材或著作也称之为分销渠道、销售渠道或营销渠道。严格意义上讲，营销渠道的内涵更广，还包括供应商。

（二）分销渠道的组织类型

在不同的市场环境和行业中，可能存在多种不同类型的分销渠道。我们可以按照分销层级、分销机构的类型以及市场覆盖度等角度，将分销渠道进行分类。

首先，根据分销层级，我们可以将分销渠道分为直接分销渠道和间接分销渠道，如图7-1所示。直接分销渠道是指制造商直接向消费者销售商品，无需通过任何中间环节。这种方式主要应用在服务行业，如航空公司直接售票、餐厅直接提供餐饮服务等。间接分销渠道则是指商品在制造商和消费者之间，需要经过一个或者多个中间环节，如批发商、零售商等。大部分商品都是通过间接分销渠道进入市场。

```
    制造商              制造商
      │                  │
      ▼                  ▼
    目标顾客            分销商
                         │
                         ▼
                       目标顾客
```

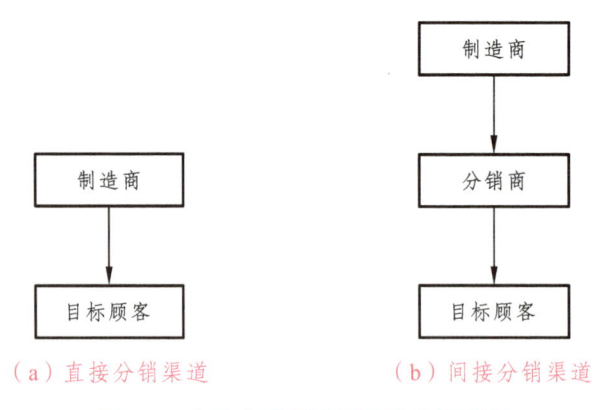

（a）直接分销渠道　　　　（b）间接分销渠道

图 7-1　直接分销渠道和间接分销渠道

其次，根据分销机构的类型，我们可以将分销渠道分为批发渠道、零售渠道和经销商渠道。批发渠道是指商品由制造商直接卖给批发商，然后由批发商卖给零售商或其他商家。这种方式主要应用在大宗商品的分销上。零售渠道则是指商品由制造商直接或者通过批发商卖给零售商，然后由零售商卖给消费者。这是最常见的分销方式。经销商渠道则是指制造商通过签订协议，授权特定的经销商销售自己的商品。这种方式主要应用在汽车、家电等行业。

最后，根据市场覆盖度，我们可以将分销渠道分为密集型分销、选择性分销和独家分销。密集型分销是指商品在所有可能的零售商那里都有销售，以便让消费者在任何地方都能购买到。这种方式主要应用在便利商品的分销上。选择性分销是指制造商选择部分零售商进行商品销售，以确保这些零售商能提供足够的销售和服务支持。这种方式主要应用在消费品中的选购商品和特殊商品的分销上。独家分销则是指制造商只选择一个零售商在特定地理区域内销售商品。这种方式主要应用在特殊商品和不可替代商品的分销上。

可以看到，分销渠道的类型多种多样，且各有特点。而在实际的市场营销中，企业需要根据自身的产品特性、市场环境以及消费者需求，选择最合适的分销渠道类型。因此，理解和掌握分销渠道的概念和类型，对于制定有效的市场营销策略，具有至关重要的意义。

二、分销渠道在市场营销中的重要性

分销渠道在市场营销中扮演着重要的角色。它不仅能够将产品或服务传递给最终消费者，还可以提供增值服务、满足消费者需求并促进市场发展。通过合理选择和有效管理分销渠道，企业可以实现以下优势：

（一）扩大市场覆盖

通过分销渠道，企业可以将产品推向更广泛的市场，触达更多潜在消费者。

（二）提供便利性

分销渠道可以为消费者提供方便的购买途径，增加购买的便利性和舒适性。

(三)提供增值服务

分销渠道可以为产品提供售前咨询、售后服务、维修保养等增值服务,提升消费者的购买体验。

(四)降低成本

通过与分销渠道合作,企业可以分摊销售和分发的成本,减轻自身的运营负担。

任务二　分销渠道的设计与管理

分销渠道的设计与管理对于企业开展市场营销活动非常重要。合理设计和有效管理分销渠道可以帮助企业实现产品的快速销售、市场份额的增长以及客户满意度的提升。通过优化分销渠道的选择和管理，企业可以实现以下重要目标。

（1）提供市场覆盖和渠道可及性。分销渠道可以将产品传递给最终消费者，实现产品在市场中的广泛覆盖，满足消费者的需求，并增加销售机会。

（2）提供增值服务和支持。分销渠道可以为产品提供售前咨询、售后服务、维修保养等增值服务，提升消费者的购买体验和忠诚度。

（3）实现市场营销目标。通过合理的渠道设计与管理，企业可以更好地实现销售目标、增加市场份额，并提高品牌知名度和形象。

（4）降低运营成本与风险。通过与分销渠道合作，企业可以分摊销售和分发的成本，减轻自身的运营负担。同时，多样化的分销渠道也可以降低单一渠道带来的风险。

一、分销渠道的设计

（一）分销渠道的概念和功能

1. 分销渠道的概念

分销渠道是指商品从生产者向消费者或用户转移过程中所经过的由企业和个人组成的路径，包括直接渠道和间接渠道。

2. 分销渠道的功能

分销渠道具有实现产品价值、提高交易效率、降低交易成本、分担市场风险等功能。

（二）　渠道设计的重要性

（1）通过合理的渠道设计，企业可以更好地满足消费者需求，提高市场占有率。

（2）有效的渠道设计能够降低企业的营销成本，提高盈利能力。

（3）合理的渠道设计有助于企业控制市场风险，保障经营安全。

（三）分销渠道设计的原则

分销渠道设计是指企业为实现营销目标，对各种备选渠道结构进行评估和选择，从而开发新的分销渠道或改进现有分销渠道的过程。

分销渠道设计所追求的目标是降低风险、提高效益。为了实现这个目标，企业必须遵循以下原则。

1. 战略性原则

战略性原则是指企业在设计分销渠道时，应该使其与企业的总体战略规划保持一致，要为实现企业的战略目标而服务。例如，若某企业制定了今后转型为"互联网+"公司的战略发展目标，那么企业的分销渠道设计就应该紧紧围绕着网络渠道来进行。

2. 适度覆盖性原则

适度覆盖性原则是指企业要量力而行，充分考虑渠道成本与收益的关系，切不可盲目扩张。企业应该结合自身的实力、市场竞争状况、目标市场的规模、消费潜力等合理地设计渠道的长度和宽度。

3. 效率性原则

效率性原则是指企业在设计分销渠道时，应该以提高流通效率为目的，选择合适的渠道模式。

4. 互利性原则

互利性原则是指企业在设计分销渠道时，应该将分销渠道看作一个整体，要充分考虑不同渠道成员的利益，以互利、共赢为目标。

5. 动态性原则

动态性原则是指企业应该根据分销环境的变化及时设计新的渠道模式，以有效适应这种变化。

渠道设计的基本原则是企业进行分销渠道规划和管理的重要依据。遵循这些原则，企业能够确保渠道与企业的市场营销目标相一致，同时确保灵活性和成本效益的平衡。

（四）分销渠道设计的基本内容

渠道设计是一个系统性的过程，需要综合考虑多个因素，以确保选择和设计的渠道能够满足企业的市场需求和消费者需求。以下是渠道设计的主要步骤。

1. 确定目标市场与消费者需求

首先，企业需要明确定义目标市场和目标消费者群体。通过市场研究和分析，了解目标市场的特点、规模、增长趋势以及消费者的需求和偏好。这将有助于确定适合目标市场的渠道类型和特征。

2. 评估渠道选择的条件与要素

在选择渠道类型和渠道成员时，企业需要评估一系列条件和要素，包括渠道的覆盖能力、市场渗透度、渠道成本和效益、竞争情况以及法律法规等。通过对这些因素的综合分析，企业可以确定最适合的渠道选择。

3. 确定渠道类型与组合

基于目标市场和渠道选择的评估结果，企业需要确定适合的渠道类型和组合。常见的渠道类型包括直销、零售商、代理商、分销商等。根据产品特性、市场需求和消费者行为，选择合适的渠道类型并进行组合，以达到最佳的市场覆盖和销售效果。

4. 设计渠道流程与关系

一旦确定了渠道类型和组合，企业需要设计渠道的具体流程和关系。这包括与渠道成员的合作协议、销售流程、物流安排、售后服务等。确立明确的渠道流程和关系有助于提高渠道运作的效率和效果，减少冲突和误解。

渠道设计的步骤需要综合考虑企业的市场需求、消费者需求和渠道选择的条件。通过系统地进行目标市场分析、渠道选择评估、渠道类型与组合的确定以及渠道流程与关系的设计，企业可以建立起适应性强、运作高效的分销渠道系统，以实现企业的市场营销目标。

二、分销渠道的管理

对渠道的管理主要包括对中间商的选择、激励和评估工作。企业只有加强对分销渠道的管理，才能保证渠道的运行按照事先预定的方式和轨迹进行，才能保证渠道设计的有效性，使得生产商和中间商都能获得可观的利润。

（一）选择分销渠道成员

企业在设计好分销渠道后，必须对分销渠道的成员进行谨慎的选择。由于企业的实力、规模、产品特色等各个方面的不同，在招募中间商时通常会出现三种局面：

（1）有的企业会毫不费力地找到许多合格并且愿意加入渠道系统的中间商；

（2）有的企业必须费尽周折才能找到中间商；

（3）有的企业费尽心思也找不到或找不够中间商。

无论情况如何，企业在选择中间商时不能马虎。企业对中间商一定要有具体条件的规定，企业要考虑中间商以下情况。

（1）实力，包括中间商的分销历史长短、销售人员的素质、协作精神、获利能力及回款能力等。

（2）信誉，包括合作伙伴、顾客、同行对中间商的评价等；

（3）企业发展潜力，包括中间商的经营范围、开设地点、顾客类型、购买力大小和需求特点等。

（二）激励分销渠道成员

企业不但要选择合适的中间商，同时要不断地激励中间商，充分调动其积极性。企业采取正面和反面激励措施来达到激励中间商的目的：正面激励措施包括较高的毛利、特殊优惠、定额奖励、销售竞赛、广告补助等；负面的激励措施包括降低毛利、拖延交货等。

企业不但要保证自己的利润，同时要兼顾中间商的利益，从而达到"双赢"。企业处理与中间商的关系时一般会采取三种方式，即合作、合伙和分销规划。

1. 合作

这是指双方在互相满意对方的前提下，达成合作关系，并签订合同。这是运用最广的一种方式。

2. 合伙

这是指企业与中间商建立长久、稳定的合伙关系，双方联合，共同出资建立公司，并在协议上注明双方的责任和义务。

3. 分销规划

这是三种方式中最先进的方式，即企业和中间商组成垂直渠道系统。这种方式要求企业真正了解中间商的需要、存在的问题、实力和弱点，据此制定分销方案，帮助每个中间商尽可能达到最佳销售业绩。

（三）评估分销渠道成员

企业必须定期按一定标准衡量中间商的销售业绩。每隔一段时间，企业就必须考察和评估中间商的配额完成情况、平均库存水平、装运时间、对受损货物的处理、促销方面的合作以及为顾客提供服务的情况。企业对表现好的中间商予以奖励；对表现不好的予以批评，必要时企业可更换渠道成员，以保证营销活动顺利有效地进行。

实际上，企业应该综合地从营销、促销业务、客户服务、现场服务支持、品质保证、存货管理等诸多方面对分销渠道所有成员进行合理评估。

任务三 中间商与电子商务渠道

在高速发展的当今数字化世界中，市场营销的角色已经发生了翻天覆地的变化。传统的商业模式正在逐步被创新的电子商务模式所取代，而在这个过程中，中间商的角色变得越来越重要。电子商务提供了更大的市场、更高效的交易方式和更广泛的客户群体，但同时也带来了新的挑战。为了应对这些挑战，中间商必须不断适应和创新。

一、中间商的定义和角色

（一）定义

中间商是指位于生产者和最终消费者之间的经济主体，其主要职能是在产品流通过程中进行购买、销售和分销，以便将产品从生产者传递给最终消费者。中间商可以包括零售商、批发商、代理商、经销商等不同形式的企业或个人。

（二）中间商的功能和服务

中间商在分销渠道中扮演着重要的角色，提供多种功能和服务，包括：

（1）采购和库存管理。中间商负责从生产者处采购产品，并进行库存管理，以确保产品的供应和可及性。中间商可以通过批发采购大量产品，以获得更好的价格和条件。

（2）分销和销售。中间商负责将产品分销到不同的市场和渠道，并通过零售、线上销售或代理销售等方式将产品销售给最终消费者。他们通过建立自己的销售网络和渠道，增加产品的市场覆盖率和销售量。

（3）市场调研和推广。中间商通过市场调研和消费者洞察，了解市场需求和趋势，为生产者提供相关信息和建议。他们还负责推广和宣传产品，增加产品的知名度和销售机会。

（4）售后服务和支持。中间商提供售后服务和支持，包括产品安装、维修、退换货等，以满足消费者的需求和提高产品的用户体验。他们作为消费者与生产者之间的桥梁，解决售后问题，增强消费者的满意度和忠诚度。

（三）中间商的角色和影响

中间商在分销渠道中扮演着重要的角色，发挥着重要的影响。它具有以下几个方面的作用：

（1）增加市场覆盖和渠道多样性。中间商通过建立自己的销售网络和渠道，增加了产品的市场覆盖和销售渠道的多样性。他们将产品引入不同的市场和地区，使产品更容易接触到最终消费者。

（2）提高分销和销售的效率。中间商专注于分销和销售的活动，具备相关的专业知识和资源，能够提供高效的分销和销售服务。他们通过与生产者和消费者的连接，提高了分销渠道的效率和流通速度。

（3）提供市场信息和消费者反馈。中间商在市场中扮演着触角的角色，能够及时获取市场信息和消费者反馈，了解市场需求和趋势。他们通过与消费者的接触，提供有关产品需求、竞争情报、定价策略等方面的信息，帮助生产者做出决策和调整策略。

（4）分摊风险和成本。中间商在分销渠道中承担一定的风险和成本，如库存成本、运输成本、市场推广成本等。他们通过规模效应和分工合作，分摊了部分风险和成本，减轻了生产者的负担。

（5）增加产品价值和品牌形象。中间商通过与消费者的互动和服务，能够增加产品的价值和品牌形象。他们为产品提供展示、陈列和销售的机会，提升产品的形象和认知度。消费者常常通过与中间商的接触来评估产品的品质和价值。

中间商的存在和发展对分销渠道和市场营销产生了重要的影响。他们作为生产者和消费者之间的桥梁，承担了分销、销售、服务和传递市场信息等方面的职责，推动了产品的流通和市场的发展。同时，中间商也面临着市场竞争和变革的挑战，需要不断提升自身的竞争力和服务水平，以适应市场的变化，满足消费者的需求。

二、电子商务渠道的定义和重要性

（一）什么是电子商务渠道

电子商务渠道是利用互联网和数字技术进行商品和服务交易的路径或平台，为买方和卖方提供便利的沟通接口。这不仅包括在线购物网站，还包括移动应用程序、社交媒体平台、聚合器网站以及其他各种电子平台。电子商务渠道因其能够提供更快、更高效和更便利的购买选项，在现代社会中起着至关重要的作用。

（二）电子商务渠道的好处

电子商务渠道的最大优点在于其便利性和可达性。通过互联网，商家可以轻松地接触到全球的消费者，消费者也可以方便地购买到来自世界各地的商品。此外，电子商务也有助于减少成本，因为在线销售通常不需要大量的实体店铺和人员。电子商务渠道还为企业提供了丰富的数据和市场研究工具，使其可以更好地理解消费者行为，从而提供更具针对性和吸引力的产品和服务。同时，电子商务的在线支付和配送选项为消费者提供了便利，使购物体验更加顺畅。

（三）电子商务渠道的类型和形式

电子商务渠道的类型和形式多种多样，包括 B2C（Business to Consumer）、B2B（Business to Business）、C2C（Consumer to Consumer）和 C2B（Consumer to Business）等模式。

（1）B2C 模式是最常见的电子商务形式，如亚马逊和淘宝这样的大型购物平台就是 B2C 模式的代表。它们直接将产品从商家销售给消费者。

（2）B2B 模式主要面向企业客户，提供各类产品和服务，如阿里巴巴这样的平台就是 B2B 模式的代表。

（3）C2C 模式则是消费者直接在平台上对其他消费者进行销售，如 eBay 和闲鱼就是 C2C 模式的代表。

（4）C2B 模式则是消费者提供产品或服务给企业，如众包平台和自由职业者平台就是 C2B 模式的代表。

总的来说，电子商务渠道的发展改变了消费者购物的方式，同时也为企业提供了新的销售渠道和商业模式。在互联网和全球化的推动下，电子商务渠道的重要性将进一步增加，对于全球经济的影响也将更为深远。

三、中间商在电子商务渠道中的角色

（一）如何利用电子商务渠道提升中间商的效率

中间商可以通过使用电子商务渠道显著提高其工作效率。首先，电子商务渠道可以帮助中间商更有效地进行市场研究和分析，以确定可能的销售机会。通过网络，他们可以访问大量的消费者数据，以确定消费者的购买行为、喜好和需求，从而进行更有效的销售和推广。其次，通过电子商务渠道，中间商可以更高效地管理库存和供应链。例如，他们可以通过实时的销售数据来预测需求、优化库存、降低存储和运输成本。此外，电子商务也可以简化订单处理和发货过程，提高工作效率。

（二）中间商如何利用电子商务渠道进行市场拓展

电子商务渠道也为中间商的市场拓展提供了新的机会。通过电子商务，中间商可以更容易地接触到全球的消费者和商家，拓展他们的业务范围。他们可以利用搜索引擎优化（SEO）和社交媒体营销等工具来提高他们的在线可见性，吸引更多的客户。此外，通过提供多语言和多货币选项，中间商可以吸引全球的消费者，进一步扩大他们的市场。通过电子商务，中间商也可以更容易地进入新的地理市场和行业领域，开辟新的收入来源。

（三）中间商如何利用电子商务渠道提高客户满意度

电子商务渠道不仅可以提高中间商的工作效率，还可以帮助他们提高客户满意度。首先，通过提供 24/7 全天候在线服务，中间商可以更好地满足客户的需求，提供即时的支持和服务。此外，通过电子商务，中间商可以更好地定制他们的产品和服务，以满足每个客户的具体需求和喜好。例如，他们可以利用数据分析工具，以确定消费者的购买行为和喜好，从而提供更具针对性的产品和推广活动。最后，电子商务也可以提高交易的透明度，增强消费者的信任和满意度。通过在线平台，消费者可以更容易地查看和比较产品信息，查看消费者评价，从而做出更明智的购买决定。同时，通过在线支付和追踪服务，中间商可以为消费者提供安全和便利的购物体验。

对中间商而言，电子商务平台也可以用作客户关系管理（CRM）工具，使他们能够跟踪客户的购买历史、反馈和偏好。通过深入了解每个客户，中间商可以提供更个性化的服务，建立更紧密的客户关系，从而提高客户满意度和忠诚度。

总的来说，电子商务渠道在中间商的工作中起着至关重要的作用。通过利用电子商务渠道，中间商可以提高他们的工作效率，拓展市场，提高客户满意度而达到提升业务运营效果和盈利能力的目标。

实训八　营销技能实训

一、实训项目

实训内容：分销渠道策略。

二、实训目的

（1）学会渠道因素分析，掌握渠道设计的流程。
（2）能根据企业或产品的具体情况，选择合适的分销渠道策略。

三、实训任务

某公司生产的油辣椒通过市场试销已获得消费者的认可，现在需要通过分销来做大市场，需要进行分销渠道设计。

四、实训步骤与要求

（1）分析市场需求。
（2）分析影响因素。
（3）收集渠道信息。
（4）分析竞争者渠道。
（5）评估渠道机会。
（6）确立渠道目标。
（7）设计分销渠道。
（8）撰写渠道方案。

五、考核评价

教师评价 50%，组内互评 20%，组间互评 20%，自评 10%。

习 题

一、单选题

1. 当企业给予渠道成员的激励过分时会出现（　　）。
   A. 销售量提高而利润下降　　B. 销售量和利润都提高
   C. 销售量下降而利润提高　　D. 销售量和利润都下降

2. 管理者将制造商的管理人员派驻到分销商处工作，将分销商的人员派驻到制造商的相关部门进行体验，这种处理渠道冲突的方式属于（　　）。
   A. 适当运用激励手段　　B. 采用人员交换的做法
   C. 适时清理渠道成员　　D. 利用调解手段

3. 以下消费品分销渠道模式中，适用于消费密集、交通便利的大城市市场的是（　　）。
   A. 厂家直供模式　　B. 多家经销模式
   C. 独家经销模式　　D. 平台式销售模式

4. 当企业给予渠道成员的激励不足时会出现（　　）。
   A. 销售量提高而利润下降　　B. 销售量和利润都提高
   C. 销售量下降而利润提高　　D. 销售量和利润都下降

5. 网络分销功能的实现需要完善的系统支撑，其中不包括（　　）。
   A. 订货系统　　B. 结算系统
   C. 评估系统　　D. 配送系统

二、多选题

1. 根据分销渠道的宽度来划分，分销渠道战略可分为（　　）这三种类型。
   A. 密集分销　　B. 独家分销
   C. 合作分销　　D. 选择性分销
   E. 分散分销

2. 分销渠道的成员性参与者主要包括（　　）。
   A. 生产者　　B. 批发商
   C. 零售商　　D. 物流配送企业
   E. 市场调研机构

3. 分销渠道决策所追求的目标是降低风险、提高效益，为实现这个目标，企业必须遵循的原则包括（　　）。
   A. 战略性原则　　B. 适度覆盖性原则
   C. 效率性原则　　D. 互利性原则
   E. 动态性原则

4. 分销渠道设计的原则包括（　　）。
   A. 战略性原则　　　　　　　　B. 适度覆盖性原则
   C. 效率性原则　　　　　　　　D. 动态性原则
   E. 企业利益最大化原则

5. 渠道控制的类型比较多，可以从不同的角度来划分。从控制内容角度来划分，渠道控制可分为（　　）。
   A. 产品控制　　　　　　　　　B. 价格控制
   C. 促销控制　　　　　　　　　D. 销售区域（含政策）控制

三、判断题

1. 分销渠道是指产品从生产者向消费者或用户转移过程中所经过的一套机构途径。（　　）
2. 一般来说，独家分销有最高的产品市场覆盖面。（　　）
3. 技术性较强的商品适于选择短而窄的分销渠道。（　　）
4. 直接市场分销渠道主要用于分销工业产品。（　　）
5. 相对而言，消费品中的选购品和特殊品最适合采取密集分销。（　　）
6. 生产者只要加大对中间商的激励力度，利润就会上升。（　　）
7. 增加产品的附加利益是企业获得竞争优势所必须的。（　　）
8. 当顾客人数多时，生产者倾向于利用每一层次都有许多中间商的宽渠道。（　　）
9. 单价低的产品适宜通过"较长而宽"的分销渠道来销售。（　　）
10. 商品经纪人是批发商的一种类型。（　　）

项目八 PART EIGHT
促销策略

知识目标

1. 理解和掌握企业如何有效地进行促销。
2. 了解促销组合四大要素的特点和作用,以及如何才能充分发挥他们的促销功能。
3. 了解策划各形式促销活动的一般程序,明确各种促销方式的适用范围。

能力目标

1. 能够综合运用各种促销方式开展促销活动。
2. 能根据企业或产品实际情况,完成促销组合决策的具体工作任务。
3. 熟练掌握人员推销技巧。

素质目标

1. 具备较强的集体意识和团队合作精神。
2. 在营销工作中诚信踏实,有自信、有激情,应变能力强。

案例导入

京东看见那些"不太红的红人"[①]

每年年中的"618"算得上是各个电商平台的主战场,但是面对即将开启的2024年"618"大促,京东却一反常态地将镜头对准了那些商品背后的工作者们。

京东一直是一个故事营销的好手。在京东,每件商品在上架前都要经过严格的筛选与测试,而这就是62万京东采销人员的工作。为了选出最柔软的尿不湿,常年绑在胳膊上试用产品;为了选出符合标准的头盔,每天在办公室抡着铁锤砸;为了测试跑鞋的减震性能,每天自己负重跑……这些隐藏在商品背后的人,做着很少人知道的事,却把一抹"红"带进了每个人的生活。

也正是通过对"人"的叙事,京东强化了自己"又好又便宜"的经营理念,让大家能够买得放心、用得安心。通过走情感路线圈粉用户,去提升京东平台在"618"节点下的点击量。

---

① https://www.163.com/dy/article/J51T6ISP0514CAOK.html,2024-07-16。

任务一　促销组合

在商业领域，促销是一种沟通策略，通过这种策略，企业可以提高消费者对产品或服务的认识，激发购买欲望，引导消费者采取购买行为，以达到增加销售、提升品牌影响力和市场份额的目的。促销包括多种方式，如折扣、优惠券、赠品、积分奖励、节假日促销活动等，这些都是促销的常见形式。然而，单一的促销方式并不能满足所有的商业需求，不同的目标市场、消费者群体、产品类型或销售环境都可能需要不同的促销策略。这就引出了"促销组合"的概念。促销组合是指企业在某一特定时间段内，采用各种促销手段和方式的有机组合，以实现市场营销目标的策略。促销组合可以更全面、更有效地吸引和影响消费者，增强企业与消费者之间的互动，提升企业的市场竞争力。

本任务中，我们将深入探讨促销组合的构成和运用，以及如何根据市场环境和企业需求创建和优化有效的促销组合。我们将从基础的市场分析和客户理解开始，详细解析促销组合的各要素，然后讨论如何创建和评估促销组合，并通过一些成功的案例进行实例分析。

一、促销的概念

促销即促进销售，是指企业通过人员沟通和非人员沟通的方式，与消费者进行信息交流，以刺激并引发消费需求，从而促使消费者发生购买行为的活动，如图 8-1 所示。

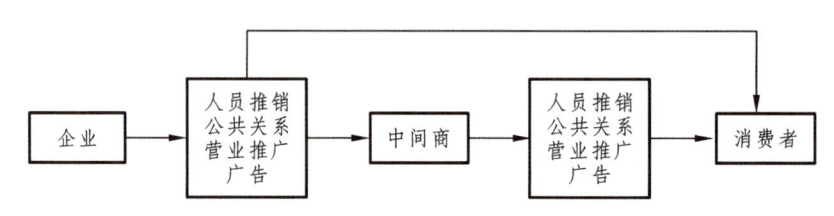

```
企业 → 人员推销/公共关系/营业推广/广告 → 中间商 → 人员推销/公共关系/营业推广/广告 → 消费者
```

图 8-1　促销的过程

企业作为产品的供给者，即卖方，在销售过程中应尽最大可能把有关企业自身及其产品的信息传递给消费者，使消费者能够充分了解企业及其产品的性能、特征、价格等信息，从而在此基础上进行判断和选择。这种由卖方向买方的信息传递，是买方做出购买行为的基本前提。与此同时，作为买方的消费者，在参与相关销售活动的同时，也会将对企业及其产品的认识反馈给卖方，并可以积极反映自身的需求动向，促使卖方根据需求进行生产的改进。由此可见，促销的实质是一种由卖方到买方和由买方到卖方的不断循环的双向式沟通。

二、促销的作用

（一）传递信息，树立形象

促销能够把企业的产品、服务等信息传递给目标群体，从而引起他们的注意并促进销售行为的发生。企业通过开展有关促销活动，可以让消费者充分知晓企业生产经营的产品有什么特点、购买的条件是什么、购买的意义有哪些，这样有利于企业不断提升品牌形象，建立良好的消费基础。

（二）突出特点，诱导需求

当今市场，产品同质化较为严重。企业开展促销活动，可以充分宣传产品的特点，重点突出自身的优势，并以此为契机，引导消费者产生需求，进一步激发并强化其购买欲望，进而增加产品的需求量。

（三）强化认知，指导消费

促销就是通过强化消费者的认知来引导消费者，尤其是引导潜在消费者，指导其完成消费行为，并不断挖掘其新的购买动机以增加销量，从而使市场需求朝着有利于企业销售的方向发展。

（四）提高效益，增强信息反馈

企业通过不断的促销行为，可以在成本和价格既定的情况下，增加产品的销量，提高经济效益。在此过程中，企业还能够更多地了解消费者，并通过消费者对促销活动的反馈，及时调整促销决策，使生产经营的产品更加适销对路，从而达到巩固企业市场地位、进一步提高企业经济效益的目的。

三、促销方式

（一）广告

广告是企业向公众传播其产品或服务信息的重要手段，可以有效提高品牌知名度，激发消费者对产品或服务的兴趣。广告的形式多样，包括电视广告、广播广告、报纸和杂志广告、户外广告、网络广告等。每种广告形式都有其独特的优势和限制。例如，电视广告可以利用声音和图像吸引消费者的注意力，但成本较高；网络广告可以精准定位目标消费者，但可能受到消费者的抵制。企业需要根据其市场定位、目标消费者、预算等因素，选择合适的广告方式。

（二）个人销售

个人销售是指企业通过销售人员直接与消费者进行交流，以推销产品或服务。这种方式可以提供个性化的服务，更好地解决消费者的问题和需求，建立长期的客户关系。然而，个人销售需要高昂的人力成本，且对销售人员的技能和素质有较高要求。企业需要建立有效的销售团队，提供良好的培训和激励机制，以确保销售团队的效率和效果。选择个人销售的时机一般在产品或服务需要详细解释，或者需要建立密切客户关系时。

（三）销售促进

销售促进是指企业通过限时折扣、优惠券、赠品、购物积分等方式，激励消费者在短期内购买产品或服务。这种方式可以迅速提高销售量，清理库存，但可能会降低品牌形象，或者导致消费者习惯于促销，影响正常销售。企业在选择销售促进活动时，需要考虑产品的性质（如季节性、新旧程度等）、市场环境（如竞争状况、消费者需求等）以及自身能力（如成本、库存等）。

（四）公关和宣传

公关和宣传是企业通过发布新闻、举办活动、发表报告等方式，提升品牌形象，增强公众信任。与广告不同，公关和宣传更侧重于非商业性的信息传播，因此可能更容易获得消费者的认同和信任。企业需要根据自身的特性和目标，制定有效的公关和宣传策略，并通过媒体关系、社区活动、公益活动等手段进行实施。良好的公关和宣传活动不仅可以提升品牌形象，还可以在危机时刻为企业赢得公众的理解和支持。

（五）直接营销

直接营销是企业通过电话、邮件、社交媒体等直接沟通工具，向目标消费者推销产品或服务。这种方式可以精准定位消费者，提供个性化的营销信息，节省营销成本。然而，直接营销也可能引起消费者的反感，因此需要谨慎处理消费者的隐私和选择权问题。在进行直接营销时，企业需要根据消费者的行为和喜好，制定有针对性的营销信息，并适时调整营销策略，以提高营销效果。

总的来说，广告、个人销售、销售促进、公关和宣传、直接营销都是促销组合的重要元素，各有优劣势，适用于不同的场景。企业需要根据自身的情况和目标，合理选择和组合这些元素，形成有效的促销策略。

做中学

学生以小组为单位，搜集两三款熟悉的日用品促销案例，分析其促销方案属于何种促销类型、发挥了怎样的作用。结合所学知识，谈谈影响促销策略选择的主要因素有哪些。具体到某种产品上，哪些是主要影响因素？

四、促销组合

促销组合指企业综合考虑各种促销手段的优缺点，将人员推销、广告、公关关系和营业推广这四种基本的促销手段组合成一个策略系统，使企业的所有促销活动互相配合、协调一致，以最大限度地发挥组合的效果，从而顺利实现企业的促销目标。

促销组合体现了现代市场营销理论的核心思想——整体营销。促销组合是一种系统化的整体策略，人员推销、广告、公共关系和营业推广则构成了这一整体策略的四个子系统，如图8-2所示。

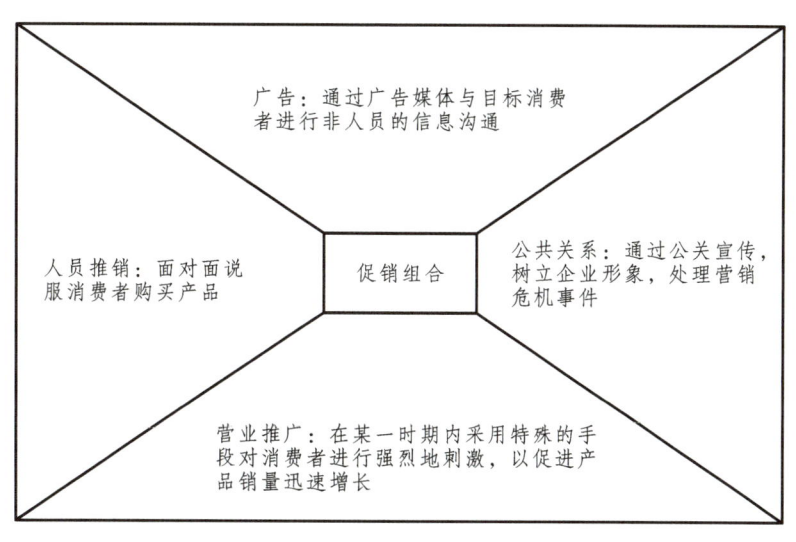

```
                广告：通过广告媒体与目标消费
                者进行非人员的信息沟通


  人员推销：面对面说          促销组合          公共关系：通过公关宣传，
  服消费者购买产品                            树立企业形象，处理营销
                                          危机事件


                营业推广：在某一时期内采用特殊的手
                段对消费者进行强烈地刺激，以促进产
                品销量迅速增长
```

图 8-2 促销组合

任务二　人员推销策略

人员推销能够有效实现企业推销产品、传达信息、开拓市场、反馈情报、提供服务、分配产品等目标。开展人员推销，需要推销人员满足消费者的要求，帮助消费者发现并解决问题，提供有益的产品及服务，从而达到销售的目的。通过学习本任务，学生能够掌握人员推销的技巧，提升促销能力。

一、人员推销

人员推销是指企业通过派出销售人员与一个或多个潜在消费者进行交流，以推销产品、促进销售。人员推销包括三个要素，即推销人员、推销对象和推销产品，前两者是推销活动的主体，后者是客体。

商品推销策略

人员推销是一项专业性很强的工作，它必须同时满足买卖双方的不同需求，解决买卖双方的不同问题。推销人员只有将推销工作理解为消费者的购买行为，即帮助消费者完成购买的过程，才能使推销工作进行得卓有成效，达到令双方满意的目的。当销售活动中需要人员更多地去解决问题和进行说服工作时，人员推销便是上佳选择。

二、人员推销的形式及策略

（一）人员推销的形式

人员推销的形式主要有以下四种。

1. 上门推销

上门推销是最常见的人员推销形式，一般是由推销人员携带产品的样品、说明书和订单等走访目标消费者，推销产品。这种推销形式可以针对消费者的需要提供有效的服务，消费者了解产品相对比较方便，因而在一定程度上容易被消费者认可和接受。

2. 柜台推销

柜台推销是指企业在适当的地点设置门市，由营业员接待进入门市的消费者，进行产品推销。门市的产品种类齐全，能满足消费者更多的购买需求，为其提供更大的购买便利，并且可以保证产品完好无损。这种方式也容易被消费者接受。

3. 会议推销

会议推销是指利用会议向与会人员宣传介绍产品的推销活动，如在订货会、交易会、展览会等会议上推销产品。这种推销形式接触面广，可以同时向多个推销对象推销产品，成交额较大，推销效果较好。

4. 网络推广

网络推广是在借助互联网直观、快速、表现形式多样、内容丰富、交互性强、不受地域限制等特点的基础上，利用视频方式进行网上直播，或借助网络短视频及其他网络平台，对产品进行展示并与消费者同步互动，以提升产品推广的效果。网络推广可以随时为消费者提供重播、点播等服务，有效延长了直播的时间和空间，可以进一步优化产品的推销效果。

（二）人员推销的策略

常用的人员推销策略有以下三种。

1. 试探性策略

试探性策略是在不了解消费者需求的情况下，推销人员事先准备好要说的话，对消费者进行试探。推销人员在交谈过程中要密切注意对方的反应，然后根据其反应进行说明或宣传。

2. 针对性策略

针对性策略的特点在于推销人员事先基本了解消费者某些方面的需要，然后进行有针对性的说服。当引起消费者的共鸣时，就有可能促成交易。

3. 诱导性策略

诱导性策略是一种创造性推销策略，即推销人员首先设法引发消费者的需求，再说明所推销的服务或产品能较好地满足这种需求。这种策略要求推销人员有较高的推销技巧，能在不知不觉中促成交易。

任务三　广告策略

广告策略在促销活动中起着至关重要的作用。通过精心制定和执行的广告策略，企业可以有效地传递产品或服务的价值，吸引目标市场的注意力，激发购买欲望，并促成销售交易的发生。广告策略可以帮助企业在竞争激烈的市场中脱颖而出，建立品牌形象，提升市场份额。广告策略对企业的业绩和品牌形象具有重要影响。通过精心设计的广告策略，企业可以有效地与目标市场进行沟通，传达产品或服务的独特价值，建立品牌认知和品牌忠诚度。广告策略还可以帮助企业扩大市场份额，吸引新客户，并促进重复购买和口碑传播。通过精准的广告定位、广告创意和内容策划，以及恰当的广告媒介选择和预算分配，企业可以有效地提升销售业绩、增强品牌竞争力，并塑造良好的企业形象。

通过合理制定广告策略，企业可以将产品或服务与目标市场紧密联系起来，并在竞争激烈的市场中脱颖而出。广告策略的成功实施将有助于提升企业的营收和利润，并树立企业在消费者心目中的形象。因此，广告策略在企业的促销活动中扮演着不可或缺的角色。

一、广告的概念及目标

（一）广告的概念

广告是指可确认的广告主为促进交换，主要以付费的方式，通过各种媒体进行的单向或双向的营销传播活动。这里需要说明的是，广告发布一般需要支付媒体费用，但在广告主自己的网站或一些社交平台上发布广告则不需要费用。广告的分类方法很多，受篇幅所限，本书只介绍最常见的、依据内容划分的广告类型。

（二）广告的类型

广告按传播的内容可划分为以下四种类型。

（1）介绍型广告。这类广告主要用于介绍产品的用途、性能、使用方法及企业的有关情况和所能提供的服务。在产品试销期，这类广告的作用最为显著。

（2）说服型广告。这类广告主要通过产品间的比较，突出本企业产品的特点，强调其给消费者带来的利益，以加强消费者对产品和品牌的印象，从而说服消费者购买本企业的产品，因而又称为竞争型广告。

（3）提示型广告。这类广告旨在提醒消费者注意企业的产品，加深消费者的印象，刺激其重复购买。这类广告主要适用于产品的成熟期。

（4）形象型广告。这种广告是以树立企业形象为目的的，可增强企业对消费者的吸引力，使消费者对企业产生较强的信任感。

做中学

针对四种广告类型，学生各搜索一条与之对应的某品牌或产品的广告，并将相关内容填入表 8-1 中。

表 8-1 各类型广告促销效果对比

广告所属类型	品牌或产品名称	广告内容简介	促销效果
介绍型广告			
说服型广告			
提示型广告			
形象型广告			

二、广告媒体及选择

广告必须通过适当的媒体才能到达目标消费者。因此，企业对广告媒体的选择至关重要。企业在选择广告媒体时，需要重点考虑以下几个方面。

（一）广告媒体的触及面、频率及效果

为实现广告目标，所选择广告媒体的触及面、频率和效果一定要出众。触及面是指在一定时期内，某一特定媒体一次最少能触及的不同个人和家庭的数目；频率是指在一定时期内，平均每人或每个家庭看到广告信息的次数。

（二）广告媒体类型

企业进行媒体选择时，还必须对各类媒体的主要特点进行综合评估，以便决定采用何种媒体。常见的媒体及其在覆盖面、表达效果、时效性、成本等方面的主要特点如表 8-2 所示。

表 8-2 常见广告媒体的特点

媒体	优点	缺点
报纸	时效性强，读者面广，针对性强，制作简单、灵活，可信度高，具有新闻性，费用低廉	广告寿命短，表现手法单调，不易引起注意，重复出现率低
杂志	针对性强，表现手法灵活，重复出现率高，竞争干扰小，广告寿命长	时效性差，篇幅受限制，版面位置选择性差
广播	覆盖面广，传播速度快，时效性强，通俗易懂，费用低廉	只有声音效果，表达效果单一，时间短，对顾客的选择性差
电视	覆盖面广，表现手法灵活，综合视听与动作，感染力强，重复出现性好，可信度高	对顾客的选择性小，竞争干扰大，费用昂贵
户外媒体	比较灵活，展露时间长，重复性高，费用低	对象没有选择，缺乏创意
互联网	媒体丰富，互动性强，虚拟界面模拟现实感觉，可逐层展开	范围比较狭窄，价格并不便宜

除了考虑各类媒体的主要特点外，企业在选择媒体时还需考虑以下因素。

（1）目标沟通对象的媒体习惯。例如，生产或销售玩具的企业一般只会选择在电视或电台上做广告，而不会选杂志，因为其目标沟通对象是儿童。

（2）产品特性。不同媒体的展示程度、可信度等不同。有的产品需要在电视或网络媒体进行生动的多维度说明，而有的产品只需要单一的纸质媒体进行简单介绍即可。

（3）信息类型。宣传内容如果对时效性要求比较高，则应在网络或广播上做广告；如果广告信息中含有大量的技术资料，则在杂志上做广告效果较好。

（4）成本。不同媒体所需成本不同。不过企业需要考虑的并非简单的绝对成本数字的差异，而是目标沟通对象的人数构成与成本之间的相对关系。如果用每千人成本来计算，电视广告或许比报纸广告更便宜。

三、广告效果评估

广告要讲求效果。广告的效果主要体现在传播效果、促销效果和社会效果上。其中，传播效果是前提和基础，促销效果是广告效果的核心和关键，社会效果主要是广告对社会风气和价值观念的影响。

（一）广告传播效果的评估

传播效果主要评估广告是否将信息有效地传递给目标受众。这种评估在传播前和传播后都应进行。传播前，企业既可请专家对广告进行评定，也可邀请消费者对广告的吸引力、易读性、号召力等方面进行评分；传播后，企业可再邀请一些目标消费者，针对阅读率或视听率、认知和记忆效果等方面向他们了解情况。

（二）广告促销效果的评估

促销效果是广告的核心效果，主要测定广告所引起的产品销售额以及利润的变化状况。

测定促销效果，一般可以采用比较法。在其他影响销售的因素一定的情况下，比较广告发布前后销售额的变化；或在其他条件基本相同的两个地区，分别投入或不投入广告，然后比较销售额的差别，以此判断广告的促销效果。

（三）广告社会效果的评估

社会效果主要评定广告的合法性以及广告对社会文化价值观念的影响。企业一般可以通过专家意见法和消费者评判法两种方法进行广告社会效果的评估。

任务四　营业推广策略

一、营业推广的概念

营业推广又称销售促进，是企业在某一段时期内采用特殊的手段对消费者进行强烈的刺激，以促进产品销量迅速增长的一种手段。营业推广与其他促销手段的不同之处在于：它除了以鲜明的呈现形式和特殊的优惠政策为特征，给消费者以不同寻常的刺激，从而激发他们的购买欲望之外，还对中间商和销售人员进行激励，促使他们更加努力工作。

因资源有限，营业推广不能作为企业的一种经常性的促销手段来使用，但在某一个特定时期内，它对于促进销量的快速增长是十分有效的。

二、营业推广的方式

（一）样品、试用品、折价券、特价包装、赠奖等

样品、试用品、折价券、特价包装、赠奖等构成了对消费者促销的绝大部分内容。

样品和试用品就是向消费者赠送的免费样品或试用样品。样品的赠送可通过邮寄、在商店里散发、在其他商品中附送、以公开广告赠送等方式进行。这是介绍某种新产品的最有效又是最昂贵的方式。

折价券有时也被称为优待购物券，是指送给消费者的、给予他们一定折价优惠的购物凭证。这种办法可直接吸引消费者购买指定产品，适用于刺激成熟品牌商品的销路，也可鼓励买主在产品导入期试用新品牌。

特价包装也叫小额折价交易，是向消费者提供低于常规价格的优惠价销售商品的一种方法，主要是采取在商品包装上进行由整到零的改装和不同商品的组合等方式。

赠奖是指以相当低的价格出售或免费赠送商品。例如，向购买者赠送交易印花，印花积累到一定数量可向企业领取奖品或奖金。有的包装物本身就是能重新加以使用的容器，这本身就是一种赠品。这种办法可吸引顾客长期购买。

（二）商店陈列展览和商品示范表演

这种方式指在商店里利用橱窗或货架等展示空间专门布置某种产品，设计和制作节省占地面积的陈列方法，力求利用陈列品、广告牌和广告招贴等取得促进销售的显著效果；或是在销售场表演产品的生产过程和使用方法，以增加顾客对产品的了解，刺激购买。这种办法对开拓新市场比较有效。

（三）为争取中间商而进行的营业推广

这种方式的具体形式包括由制造厂商向在规定时期内购买某种商品的经销商提供一定的购买折让，以鼓励经销商去购买一定数量的商品或者去经营那些他们通常不愿进货的新品种。

有时制造商为酬谢经销商，也可能给予他们促销津贴和广告津贴等。而在中间商购买商品达到一定数量时，制造商可为其提供的免费商品和特别广告赠品。

（四）业务会议和商品展销会

有时行业协会为其成员组织年会并同时举办贸易展销会，企业也可自办或与其他企业联办业务洽谈会或商品展示会，以吸引消费者或中间商前来观看、购买或洽谈业务。这是难得的营业推广机会和有效的促销方式。

（五）竞赛和抽奖

这类活动是给消费者、经销商或推销人员提供赢得奖金、免费旅游或是某种商品的机会。抽奖和兑奖活动都是为了吸引消费者积极参与有关活动，在事先控制好的促销预算约束下，给他们提供获奖的机会和可能。为促使经销商或推销人员加倍努力完成规定的推销任务，还可组织销售竞赛，为优胜者提供奖励。

任务五　公共关系策略

一、认识公共关系

公共关系又称公众关系，简称"公关"，是企业在从事市场营销活动中正确处理企业与社会公众的关系，以便树立企业的良好形象，促进产品销售的一种活动。

公共关系的构成要素包括社会组织、传播和公众，它们分别作为公共关系的主体、媒介和客体，相互依存。通常来讲，公共关系的主体都是一定的社会组织，如企业、机关、团体等；公共关系的客体既包括企业外部的消费者、竞争者、政府各有关部门及其他社会公众，又包括企业内部的职工、股东；公共关系的媒介是各种信息沟通工具和大众传播渠道。

二、公共关系的活动方式

公共关系的活动方式是指以一定的公共关系目标和任务为核心，将若干种公共关系媒介与方法有机地结合起来，形成的一套具有特定公共关系职能的工作方法系统。按照公共关系职能的不同，常见的公共关系活动方式主要分为以下几种。

（一）宣传型公共关系

宣传型公共关系主要包括两个方面：一是公共关系广告，简称公关广告，是企业为形成某种进步或具有积极意义的社会风气或宣传某种新观念而做的广告；二是企业印制品，企业可以利用杂志、产品面册、说明书等各类宣传品，介绍企业的发展历史，宣传企业文化，推广企业产品。这种方式传播面广，推广企业形象的效果较好。

（二）征询型公共关系

征询型公共关系主要指企业通过开办各种咨询业务、进行调查走访、设立热线电话、举办信息交流会等形式，逐步建立与消费者之间的良好的信息沟通网络，企业可以对获取的信息进行分析研究，为经营管理决策提供依据。

（三）交际型公共关系

交际型公共关系以人际交往为主，更具直接性和灵活性。交际型公共关系主要通过语言、文字的沟通，采用宴会、招待会、专访、慰问等形式，提升企业形象，巩固传播效果。

（四）服务型公共关系

服务型公共关系就是企业通过提供各种实惠性公众服务（如消费指导、消费培训、免费修理等），以获取公众的支持、信任和好评，从而达到既有利于促销、又有利于树立和维护企业形象与声誉的目标。

（五）社会型公共关系

社会型公共关系是企业通过赞助文化、教育、体育等事业，支持福利事业，参与国家重大社会活动等形式来塑造企业的社会形象，提高企业的社会知名度和美誉度的活动。这种公共关系方式公益性强，影响力大，但成本较高。

（六）危机型公共关系

危机型公共关系主要是指企业遇到如消费者投诉、产品引发事故以及造谣中伤等负面信息传播事件而进行的挽救性公共关系活动。危机事件的发生会使企业的信誉下降、产品销售额减少，企业公共关系人员应迅速行动，查清原因，及时处理，尽量降低企业遭受的损失。

任务六　整合营销

一、整合营销的概念和重要性

（一）整合营销的定义

整合性营销策略，旨在通过协调和整合各种促销手段（如广告、销售促销、公关和直销等），实现品牌传播、市场拓展和销售增长等目标。

（二）整合营销在当前商业环境中的重要性

在当今竞争激烈的商业环境中，整合营销对企业的成功至关重要。随着市场竞争的加剧和消费者行为的变化，传统的单一营销手段已经无法满足企业的营销需求。整合营销提供了一种更全面、综合的方法，以提高品牌认知度、市场份额和客户忠诚度。

（三）整合营销如何提升品牌认知、市场份额和客户忠诚度

通过整合不同的营销活动和工具，整合营销可以促进品牌认知、拓展市场份额和增强客户忠诚度。首先，整合营销通过多渠道的品牌传播和一致的品牌信息，提高了品牌认知度。通过在广告、促销活动、社交媒体等多个渠道上展示品牌形象和价值，消费者可以更好地了解和认知品牌，从而增加对品牌的信任和忠诚度。其次，整合营销利用多种促销手段和工具，有针对性地吸引目标市场，扩大市场份额。通过在广告、促销活动和销售点等方面提供差异化的价值和优惠，企业可以吸引更多的消费者选择其产品或服务，从而扩大市场份额。最后，整合营销注重与消费者建立长期的关系和互动，增强客户忠诚度。通过定期的客户沟通、个性化的服务和关怀，企业可以提高客户满意度和忠诚度。忠诚的客户更容易成为品牌的忠实支持者，愿意推荐给他人并持续购买产品或服务。

二、整合营销策略的关键元素

（一）产品策略：如何创新和定位产品以满足消费者需求

在整合营销中，产品策略是关键的一环。它涉及到产品的创新、定位和特点的确定，以满足消费者的需求和期望。企业需要通过市场调研和消费者洞察，了解消费者的需求和偏好，并据此开发创新的产品。同时，产品的定位也非常重要，要明确产品的目标市场、差异化优势和核心价值主张，以在竞争激烈的市场中脱颖而出。

（二）价格策略：如何制定适当的价格策略以吸引和保留消费者

价格策略是整合营销中另一个关键的元素。企业需要根据产品定位、目标市场和竞争环境来制定适当的价格策略。这包括确定产品的定价水平、定价策略（如高价策略、低价策略、溢价策略等）、促销活动和定价弹性等。价格策略既要考虑到企业的利润和成本，也要考虑到消费者的购买能力和价值感知，以吸引消费者并保持竞争力。

（三）推广策略：如何利用广告、销售促进、公共关系等手段提高产品知名度

推广策略是整合营销的重要组成部分，它包括广告、销售促进、公共关系和市场传播等手段的综合运用。通过有针对性的广告宣传，企业可以增加产品的知名度和曝光度，吸引消费者的关注。销售促进活动（如折扣、礼品赠送、促销活动等）可以刺激消费者的购买欲望。同时，积极发展公共关系，与媒体、意见领袖和社会组织建立良好的关系，有助于提升企业的形象和声誉。

（四）地点策略（分销）：如何选择和管理分销渠道以便产品能够顺利到达消费者

地点策略在整合营销中扮演着重要的角色。它涉及到选择和管理合适的分销渠道，以便产品能够高效地到达消费者。企业需要考虑产品特性、目标市场和消费者的购买习惯，选择合适的分销渠道，如零售商、经销商、电子商务平台等。同时，还需要建立良好的合作关系，并进行有效的渠道管理，包括库存管理、物流配送和销售支持等，以确保产品能够及时、顺利地到达消费者手中。

三、整合营销策略设计和实施

（一）确定整合营销目标和目标市场

在设计整合营销策略之前，首先需要明确整合营销的目标和目标市场。目标的设定应该具体、明确且可衡量。例如，目标可能是提高品牌知名度、增加销售额、扩大市场份额等。同时，确定目标市场是至关重要的，要考虑目标市场的特征、需求、行为等因素，以便更好地定位和针对市场进行营销活动。

（二）制定整合营销策略和行动计划

在确定目标和目标市场后，接下来是制定整合营销策略和相应的行动计划。整合营销策略应该综合考虑产品、价格、推广和地点等要素，并确保它们相互协调和一致。例如，根据目标市场的需求，确定产品特点和定价策略，制定适当的推广活动和渠道选择。行动计划应该明确具体的任务、时间表和责任人，以确保策略的实施顺利进行。

（三）实施整合营销策略并进行必要的调整

一旦整合营销策略和行动计划制定完毕，就可以开始实施。在实施过程中，要密切关注各项指标和市场反馈，以评估策略的效果。监测销售数据、市场份额、品牌认知度等指标，收集消费者反馈和市场趋势，以便及时调整策略。如果发现策略的效果不理想，可以根据反

馈信息进行优化和改进，以提高整合营销的效果。在整合营销策略的实施过程中，需要注重沟通和协作。各部门之间要紧密合作，确保各个环节的顺利衔接和协调一致。同时，也要与合作伙伴、渠道商和供应商保持紧密联系，共同推进整合营销策略的实施。

四、整合营销策略的效果评估和改进

（一）设计和实施整合营销策略的效果评估机制

为了评估整合营销策略的效果，需要设计和实施一套有效的评估机制。评估机制应该包括多个方面的指标，以综合评价策略的影响和效果。一种常用的评估方法是收集和分析市场数据，包括销售额、市场份额、品牌知名度等。此外，还可以借助市场调研、消费者反馈和满意度调查等方式，了解消费者对策略的态度和反应。

（二）根据评估结果改进整合营销策略

根据整合营销策略的评估结果，及时进行改进和调整是关键。如果评估结果显示策略某个方面效果不佳，需要深入分析原因，并制定相应的改进措施。例如，如果销售额未达到预期，可以考虑调整价格策略、改进产品特点或优化推广活动。此外，还可以根据消费者反馈和市场趋势，调整定位、目标市场或推广渠道，以更好地满足消费者需求。

（三）针对未来的商业环境和消费者行为趋势进行前瞻性思考，持续优化整合营销策略

整合营销策略需要与商业环境和消费者行为趋势保持一致，并随着其变化而调整和优化。因此，对未来的商业环境和消费者行为进行前瞻性思考至关重要。了解市场趋势、竞争动态、技术创新和消费者需求的变化，可以帮助企业预测未来的挑战和机遇。在此基础上，及时调整整合营销策略，以适应变化的市场环境，并不断提升策略的有效性和效益。

持续优化整合营销策略需要建立学习和改进的机制。与各个部门、团队和合作伙伴进行定期的策略评估和讨论，分享经验和最佳实践，以促进不断地学习和创新。此外，也需要关注新的技术和趋势（如数字化营销、社交媒体等），探索适应新时代的整合营销方法和工具。

实训九　营销技能实训

一、实训项目

实训内容：本土特色产品促销活动策划。

二、实训目的

通过实训，使学生掌握促销组合策略、组织实施及方案设计。

三、实训任务

选择一种本土特色产品策划促销活动方案。注意促销活动的分类、策划的程序、主题及具体的内容格式。

四、实训步骤与要求

（1）明确促销的目的或必要性。
（2）进行市场状况分析和促销效果调查。
（3）设计促销目标。
（4）促销的策略整合设计。
（5）行动方案或具体活动安排。
（6）促销预算。
（7）撰写促销策划书。

五、考核评价

（1）考核策划书，从策划书的格式、方案创意、可行性、完整性等方面进行考核（60%）。
（2）考核个人在实训过程中的表现（40%）。

习 题

一、单选题

1. 促销工作的核心是（　　）。
   A. 出售商品　　　　　　　　B. 沟通信息
   C. 建立良好关系　　　　　　D. 查找顾客
2. 促销的目的是引发刺激消费者产生（　　）。
   A. 购买行为　　　　　　　　B. 购买爱好
   C. 购买打算　　　　　　　　D. 购买倾向
3. 以下各因素中，不属于人员推销基本要素的是（　　）。
   A. 推销员　　　　　　　　　B. 推销品
   C. 推销条件　　　　　　　　D. 推销对象
4. 对于单位价值高、性能复杂、需要作示范的产品，通常采取（　　）策略。
   A. 广告　　　　　　　　　　B. 公共关系
   C. 推式　　　　　　　　　　D. 拉式
5. 公共关系是一项（　　）的促销方式。
   A. 一次性　　　　　　　　　B. 偶然
   C. 短期　　　　　　　　　　D. 长期
6. 营业推广是一种（　　）的促销方式。
   A. 常规性　　　　　　　　　B. 帮助性
   C. 经常性　　　　　　　　　D. 连续性
7. 人员推销的缺点主要表现为（　　）。
   A. 成本低，顾客量大　　　　B. 成本高，顾客量大
   C. 成本低，顾客有限　　　　D. 成本高，顾客有限
8. 企业广告又称（　　）。
   A. 商品广告　　　　　　　　B. 商誉广告
   C. 广告主广告　　　　　　　D. 媒介广告
9. 在产品生命周期的投入期，消费品的促销目标主要是宣扬介绍产品，刺激购买欲望的产生，因而主要应采纳（　　）促销方式。
   A. 广告　　　　　　　　　　B. 人员推销
   C. 价格折扣　　　　　　　　D. 营业推广
10. 公共关系（　　）。
    A. 是一种短期促销战略　　　B. 直接推销产品
    C. 树立企业形象　　　　　　D. 需要大量的费用

二、多选题

1. 促销的详细方式包括（　　）。
   A. 市场细分　　　　　　　　B. 人员推销
   C. 广告　　　　　　　　　　D. 公共关系
   E. 营业推广

2. 促销策略从总的指导思想上可分为（　　）。
   A. 组合策略　　　　　　　　B. 单一策略
   C. 推式策略　　　　　　　　D. 拉式策略
   E. 综合策略

3. 促销组合和促销策略的制定其影响因素较多，主要应考虑的因素有（　　）。
   A. 消费者状况　　　　　　　B. 促销目标
   C. 产品因素　　　　　　　　D. 市场条件
   E. 促销预算

4. 在人员推销活动中的三个基本要素为（　　）。
   A. 需求　　　　　　　　　　B. 购买力
   C. 推销人员　　　　　　　　D. 推销对象
   E. 推销品

5. 推销人员一般应具备如下素养（　　）。
   A. 态度热忱，勇于进取　　　B. 求知欲强，学问广博
   C. 文明礼貌，善于表达　　　D. 富于应变，技巧娴熟
   E. 明白企业、市场和产品学问

三、判断题

1. 人员促销亦称直接促销，它主要适合于消费者数量多、比较分散情形下进行促销。（　　）

2. 企业在其促销活动中，在方式的选用上只能在人员促销和非人员促销中挑选其中一种加以应用。（　　）

3. 促销组合是促销策略的前提，在促销组合的基础上，才能制定相应的促销策略。因此促销策略也称促销组合策略。（　　）

4. 人员推销的双重目的是相互联系，相辅相成的。（　　）

5. 由于人员推销是一个推动商品交换的、过程，所以买卖双方建立友情、亲密关系是公共关系而不是推销活动要考虑的内容。（　　）

项目九 PART NINE
新媒体策略

知识目标

1. 了解新媒体和新媒体营销的概念和特点。
2. 掌握常见新媒体营销方式。
3. 掌握新媒体营销策略。

能力目标

1. 能够区分新媒体的类型。
2. 能够熟练运用新媒体营销方式。
3. 能够进行短视频营销、搜索引擎营销、微信公众号推广、自媒体宣传推广的策划与设计。

素质目标

1. 培养新媒体营销思维，增强对新媒体的兴趣激发探索精神。
2. 培养人际沟通能力，提升新媒体营销的情感表达。
3. 增强法律意识，在使用互联网的过程中遵循相应法律法规。
4. 在内容策划时注意弘扬社会主义核心价值观

案例导入

"DQ×帕恰狗"[1]

2023年10月23日，艺人吴宣仪在其小红书账号上发布了一组机场穿搭笔记。其中，吴宣仪手里拿的亮眼帕恰狗包引起了网友注意，有细心的网友发现这款包正是近日热卖的"DQ×帕恰狗"毛绒包。

笔记评论区里，一片"包包好可爱""求链接"的声音，但这款联名包包在开卖的18个小时内，绝大部分门店都已经售罄。DQ、帕恰狗的粉丝以及颜控的小姐姐们挤爆了DQ的门店和小程序。

---

[1] https://baijiahao.baidu.com/s?id=1781236147760391184&wfr=spider&for=pc，2024-08-11.

这款毛绒包卖爆的背后，是DQ联名三丽欧帕恰狗的一系列营销动作。2023年10月23日，DQ集中推出与三丽鸥帕恰狗联名的多款冰淇淋及周边，这款毛绒包便是周边之一。

之所以能够收获如此高的人气，源于DQ的产品及周边设计高度还原高人气IP，打破品牌圈层，吸引IP粉丝；高度匹配年轻人审美，吸引大量"自来水"分享。作为三丽鸥家族的热门IP，帕恰狗一直具有超高人气。此番在产品造型和周边设计中，DQ高度还原帕恰狗的"萌态"，瞬间"萌化"一众少女心。"帕恰狗趴趴派对"蛋糕冰淇淋，将帕恰狗脑袋和爪爪三维立体还原到产品上匹配造型，该联名产品在包装上也使用了大量的帕恰狗元素。除了该款蛋糕冰淇淋和毛绒包周边外，DQ本次还针对联名特地推出了两款香蕉口味的冰淇淋、奶昔，以及贴纸、冰箱贴等赠品。

无论是联名冰淇淋产品还是毛绒包周边，都不难看出DQ对于此次联名的用心，迎合年轻人审美的产品和周边设计，吸引"自来水"在社交平台上自发分享消费体验。短短一周时间，"DQ×帕恰狗"联名在小红书已经出现2000余篇笔记。

讨论

1. "DQ×帕恰狗"的联名为何如此火爆？
2. 你还知道哪些新媒体营销方式？

任务一　初识新媒体

一、新媒体的概念

随着数字化技术、多媒体技术、计算机技术等互联网技术的发展，以及移动智能终端设备的普及，新媒体作为一种新的媒介，在打破媒介与地域、时间与空间、人与人之间的壁垒方面起到了重要作用。新媒体是相对于传统媒体而言的一种新兴媒体，是在新的技术支撑体系下出现的媒体形态，可以从广义和狭义两方面理解。

从广义上讲，新媒体可以看作在各种数字技术和网络技术的支持下，以互联网、宽带局域网和无线通信网等为渠道，利用计算机、手机和电视等各种终端，向用户提供信息和服务的传播形态，具有媒体形态数字化的特点，如抖音、小红书、哔哩哔哩（B站）等。

从狭义上讲，新媒体可以看作继报纸、广播电台和楼宇广告等传统媒体之后，随着技术的发展而出现的一种媒体形态，如数字电视、手机媒体等。

总之，新媒体是建立在数字技术和网络技术等信息技术基础上的新兴媒体形态。随着时代的进步不断发展变化，各种传统媒体通过数字技术和网络技术进行改造后，就可以变成新媒体。

二、新媒体的起源和发展

（一）新媒体的起源

"新媒体"的概念是1967年由美国哥伦比亚广播公司（Columbia Broadcasting System，CBS）技术研究所所长戈德马克（P. Goldmark）在其关于开发电子录像的商品计划书中率先提出的。在他的提议中，"新媒体"特指电子录像。1969年，美国传播政策总统特委会主席罗斯托在其提交给尼克松总统的报告中使用"新媒体"一词，进一步推动了该术语在美国社会的流行。

1980年代，随着计算机技术的发展，新媒体的概念得到了更广泛的普及和应用，互联网开始出现并迅速发展。

1990年代，随着万维网的问世，网站、博客、电子邮件等网络传播形式得到广泛应用和发展。这一时期是新媒体的起步期，诸如搜狐、新浪、网易、腾讯等门户网站迅速崛起。

2000年代，Web2.0的概念出现，为现代社交媒体的发展奠定了基础。社交媒体平台（如Facebook、Twitter、微信、微博等）开始普及，互动性和社会性内容的互动、分享和传播开始流行。

2010年代，随着智能手机和平板电脑等移动终端的普及，APP等移动应用软件成为主流媒介形态。移动互联网时代的新媒体更加便捷、更加个性化、更加移动化，并产生了很多新兴媒介形式，如短视频、直播等。

2020年以后，人工智能技术的快速发展为新媒体注入了更多的可能性，越来越多的新媒体平台开始采用人工智能技术，如AI技术生成新闻报道、智能语音助手、基于AI算法的推荐系统等。

（二）新媒体的发展

新媒体的发展离不开技术的创新和应用的扩展。以下是一些新媒体技术的创新和应用扩展。

1. 虚拟现实（VR）和增强现实（AR）技术

VR和AR技术为用户提供了沉浸式的体验和互动。通过佩戴VR头盔或使用AR设备，用户可以进入虚拟世界或在现实世界中叠加虚拟内容，扩展了新媒体的应用领域，如游戏、教育和旅游等。

2. 人工智能（AI）的应用

AI技术在新媒体中扮演着重要角色。例如，智能推荐系统能够根据用户的兴趣和行为推荐个性化的内容，语音识别技术使得语音助手（如Siri、Alexa等能够与用户进行自然语言交互）。

3. 区块链技术的应用

区块链技术为新媒体领域带来了更高的安全性和透明度。它为数字版权保护、广告投放追踪、用户数据隐私保护等提供了新的解决方案和商业模式。

4. 5G网络的推广

5G网络的推广将带来更快的数据传输速度和更低的延迟，为新媒体的发展创造更好的条件。它将推动移动应用、实时视频流媒体、虚拟现实等新媒体技术的创新和应用扩展。

拓展知识

2023年7月，中国社会科学院新闻与传播研究所与社会科学文献出版社共同发布《新媒体蓝皮书：中国新媒体发展报告 No.14（2023）》（以下简称《蓝皮书》），深度剖析和总结了新媒体发展状况，对其提出十大未来展望，并指明当前新媒体发展的四大趋势。

1. 十大未来展望

（1）智慧城市建设打通基层治理链条。从数字城市走向智慧城市，后者不仅推动服务型政府的形成，更从民生、公共安全、工商活动等多角度打通基层治理的各个环节，构建社会综合治理的便捷路径。

（2）数字经济成为经济结构转型的主要方面。针对特定群体的新业态成为数字经济发展的行业风口。

（3）新媒体内容生产更加垂直细分。技术为内容表现形式持续赋权，增强内容观感，提升内容的传播力、影响力。

（4）区域一体化建设助力全媒体传播体系格局。目前，我国在建立健全县级融媒体中心的基础上，狠抓地市级融媒体中心建设，增强全媒体传播体系中的"腰部力量"，形成具有规模效应和品牌效应的地区品牌。

（5）媒体融合规范化程度更高。我国媒体融合发展已从"野蛮生长"转变为规范化、标准化运营。传统产业在转型升级发展的同时，也不断细化内容，构建体系化、科学化的媒体融合范式。

（6）主流意识形态与网络舆论空间治理加强。数字化进程加速了网络空间的意见流动，滋生如网络暴力、网络谣言等互联网乱象。与此同时，各级各类媒体融合进展存在差异，舆论引导能力仍有待提升。

（7）全媒体传播人才培养成果显著。我国人才结构不断调整优化，应加强"专业+技术"双重人才培养，提升新媒体人的舆论感知力和内容创造力，增强融媒体中心的综合实力。

（8）文化产品更具中国文化特色。我国不断激发和增强文化产品的创作活力，实现内容创新、形式创新和管理机制创新"三位一体"，利用数字化技术赋能优质文化走出去。

（9）融媒体产业边界持续拓宽形成发展范式。我国融媒体产业合作规模持续扩大，不断与多元领域形成群体合力，增加经济效益，增强内容水准，拓宽业务范围。

（10）国际网络安全问题亟待关注。我国提出构建"网络空间命运共同体"，呼吁世界各国在数据安全、信息保护、跨境流动等领域坦诚交流，共同构建开放包容的国际网络环境。

2. 新媒体的发展趋势

《蓝皮书》关注当前我国新媒体的主要变化，随着我国对互联网平台常态化监管政策的施行，互联网平台将朝着规范、健康的方向发展，并持续开拓海外市场。新媒体蓝皮书认为，人工智能产业随着 ChatGPT 的爆火开始复苏，新媒体产业数字化趋势进一步加强。

（1）互联网平台监管进入常态化阶段。《蓝皮书》指出，我国对互联网平台的常态化监管预期在一定时期内相对稳定。自 2021 年以来，我国出台了一系列互联网监管政策，并不断更新、完善对互联网平台的监管政策，同时积极布局人工智能领域法律体系和制度建设，算法与人工智能领域将是下一阶段网络治理的重点。

（2）互联网公司继续向境外市场纵深挺进。一方面，互联网公司加速探索"出海"业务。互联网大厂在海外上线的非游戏类产品增加，跨境电商发展势头迅猛。中国出口贸易的强劲态势促进了跨境出口电商的持续发展。此外，阿里巴巴的 AllyLikes 和 Miravia、拼多多的 Temu、字节跳动的 Dmonstudio 和 IfYooou 等业务也在海外持续发力。

（3）ChatGPT 资本活跃度上升，人工智能产业复苏。随着 SKSPT 资本活跃度的上升，我国人工智能产业也迎来复苏契机。在 5G 基础技术和国家政策等的加持下，文心一言、通义千问等人工智能产品纷纷上线，拉开了我国人工智能产业爆发式增长的序幕。

三、新媒体的类型

随着新媒体的不断发展，针对用户的需求的不同，出现了很多新媒体类型，主要包括以下几种。

（一）社交媒体

微信、微博、Facebook、Twitter等，用户可以通过这些平台发布文字、图片、视频等内容，并与其他用户进行互动和交流。

（二）视频媒体

抖音、快手、哔哩哔哩等，主要传播视频内容，涵盖电影、电视剧、综艺节目、短视频等多种类型。

（三）音频媒体

博客、播客、声享、喜马拉雅等，以音频为主要传播形式，内容包括电台节目、音乐、戏曲、有声书等。

（四）即时通讯媒体

QQ、微信、Skype、Facebook Messenger等，主要形式为即时沟通，便于用户进行文字、图片、视频、语音等多种形式的信息交流。

（五）搜索引擎

百度、Google、微软必应等，主要方式是通过搜索获取所需信息，了解实时资讯。

（六）游戏媒体

Steam、Origin、游戏直播平台等，以游戏为主要内容，提供游戏玩家之间的交流、分享、直播等服务。

（七）网络新闻

通过互联网发布的新闻信息，包括文字、图片、视频等多种形式。

（八）网络直播

通过互联网实时传输音频和视频内容的形式，用户可以通过手机、电脑等设备观看直播内容，并与主播进行互动交流。

除了以上新媒体类型外，还有户外新媒体、数字电视、手机媒体等新媒体类型。

任务二　新媒体营销方法

一、病毒式营销

病毒式营销是新媒体营销中比较常见的一种营销模式，常用于网站和品牌推广。例如，拼多多的"好友帮砍"就是典型的病毒式营销，其规定用户邀请足够数量的好友砍价就可以免费获得产品，从而利用用户的人脉圈子，一传十，十传百，实现病毒般快速地传播。病毒式营销主要分为制造病毒和传播病毒两个步骤。

（一）制造病毒

通过奖励、娱乐、情感的方式，为病毒式营销制造病毒。

（二）传播病毒

制造好病毒后就需要传播病毒，以扩大病毒的影响范围。传播病毒时，营销者需要注意以下四点：（1）使用简单的传播方式；（2）找准易感人群；（3）选好发布渠道；（4）具备充足的传播动力。

二、事件营销

事件营销是指利用新闻规律，将营销活动打造成具有新闻价值或营销价值的事件，以吸引媒体、社会团体和用户的注意力，让事件广泛传播，从而提高产品或品牌的知名度，树立良好的品牌形象，促进产品或服务的销售的营销模式。在进行事件营销时，营销者需要结合品牌的自身情况，选择合适的营销策略，如名人策略、体育策略、实事策略等。

事件营销具有目的性、风险性、多样性、新颖性、效果明显这五个特点。

（1）目的性。事件营销一般具有一定的目的，如营销产品、宣传活动等。

（2）风险性。媒体的不可控制和用户的理解程度不同，会造成舆论风向的不同。

（3）多样性。事件营销具有集新闻效应、广告效应、公共关系、形象传播、用户关系于一体的特征。

（4）新颖性。事件营销展现给用户的往往是用户感兴趣的、能使用户耳目一新的信息。

（5）效果明显。事件营销可以在短时间内聚集众多用户围观讨论，然后被许多新媒体平台传播、转载，达到的营销效果较为明显。

三、口碑营销

口碑是指用户对产品或品牌的评价。在用户自主的传播下，口碑可以影响其他用户对产品或品牌的看法及态度，甚至可以促成其他用户的购买行为。口碑营销就是以用户自主传播模式为核心的营销模式。利用口碑营销，企业不仅可以树立良好的产品或品牌形象，提高产品或品牌的曝光度，还可以提高用户对产品或品牌的忠诚度。

口碑营销的类型主要包含以下几种。

（一）经验性口碑营销

这是用户对某种产品或服务的直接感受，一般表现为用户对产品的使用反馈。一般来说，经验性口碑营销分为正面和反面两种，正面的经验性口碑营销可以提升品牌形象，而反面的经验性口碑营销会损害品牌形象，降低品牌价值。

（二）继发性口碑营销

这是用户直接感受传统营销活动传递的信息或所宣传的品牌时形成的口碑，如品牌在线下开展产品体验活动时形成的口碑。它对用户的影响比广告的影响更大。

（三）有意识口碑营销

这是指利用名人代言为产品上市营造的正面口碑，其与名人的影响力挂钩，难以衡量。因此，采用有意识口碑营销的品牌数量往往少于采用经验性口碑营销和继发性口碑营销的品牌。

四、社群营销

社群营销是一种基于互联网社区、论坛、博客、社交网络等社群平台，通过建立和管理品牌社区，来进行品牌宣传、推广、销售、服务和口碑传播的营销活动。它主要是指企业把一群具有共同爱好的人汇聚在一起，并通过感情和社交平台连接在一起，通过有效的管理使社群成员保持较高的活跃度，为达成某个目标而设定任务，通过长时间的社群运营，提升社群成员的集体荣誉感和归属感，以加深品牌在社群中的印象，提升品牌的凝聚力。

五、知识营销

知识营销是以知识传播、分享、交流为手段，强调知识的重要性，是收集、使用、储存、提升、创新并转化知识和智力的一种全新营销观念。知识经济时代，知识作为重要的消费资料，消费者更关注商品和服务背后的文化内涵。以创新为核心，强调知识更新。知识经济的一个特征就是依靠全面、持续地创新产生飞跃性的变化，不断形成新的核心竞争力。因此，知识营销要求企业在营销过程中不断创新。以学习为途径，强调不断吸取养分。知识经济是依赖于知识的积累、生产、扩散和应用的新型经济，人类必将跨入知识普及和创新的时代。

知识营销的关键在于确保"知识循环"在营销活动中的实现。根据知识流向，我们可以把知识营销活动分为两种类型：一种是营销部门从客户得到知识，并在企业中传播和应用的过程，这种我们可以把它称之为知识营销的内化过程；另一种是营销部门整理和开发企业产品的知识，再传播给特定的客户，给客户施加对企业有利的影响的过程，这种我们可以把它称之为知识营销的外化过程。

这两个过程在知识营销中不断交替，形成从客户开始创造知识（生产），并将知识传播至整个组织（传播），最后将知识融于企业的产品、服务之中（应用）的螺旋循环上升过程。

六、互动式营销

互动营销是基于我国企业特点和信息化需求发展而来的一种营销模式，其强调互动双方的共同行为，以达到互助推广的营销效果。互动营销要求互动双方进行交流，这种交流可以分为线上交流与线下交流，因此互动营销也可以分为线上互动营销与线下互动营销两种。

（一）线上互动营销

依托互联网技术的发展，线上互动的方式较多，不同互动方式的具体实施方法也不一样。常见的线上互动方式如表 9-1 所示。

表 9-1　常见的线上互动方式

互动方式		详细描述
话题互动		收集用户较关注的问题，从用户需求出发，将问题打造成话题发布到新媒体平台，并引导用户参与讨论
活动互动	签到	将签到活动设置在微信公众号、微博超话或小程序中，并设置签到规则和奖品，如发红包、连续签到 3 天可参与抽奖、连续签到 30 天送当季新品等
	互动游戏	可以抽奖，也可以邀请用户上传故事、照片等，同样要设置游戏规则和奖品，以激发用户的参与积极性，如点赞数排名前 3 的用户可获得奖品等

（二）线下互动营销

开展线下互动营销时，采用活动的方式互动更容易调动用户的参与积极性，因此营销人员可以开展线下活动互动，如 AR 互动、品牌拟人化形象互动和趣味化互动等。

（1）AR 互动。营销人员利用 AR 技术，在不同地点放置 AR 互动设备，并设置一定的规则，吸引用户参与互动。

（2）品牌拟人化形象互动。营销人员将品牌的拟人化形象制成立牌，或通过让员工扮演拟人化形象的方式，在线下与用户互动，如合影、拥抱等。

（3）趣味化互动。营销人员在线下开展趣味游戏、活动，吸引用户的注意，进行互动营销。

为增强互动营销效果，营销人员往往选择"线上+线下"的方式，在线上开展话题互动，在线下开展品牌拟人化形象互动。

七、情感营销

情感营销即在营销时将情感寄托在营销之中,从用户的情感需求出发,引起用户的共鸣,建立与用户的情感链接。通过情感营销,营销者可以汇集和自身理念相同的用户,与之建立情感链接,满足用户在情感上的需求,从而使用户对产品或品牌产生偏爱,提高用户对品牌的忠诚度。营销者可以从设计、包装、商标、广告语、价格、公关和服务七个方面入手进行情感营销。

八、跨界营销

跨界营销是指品牌联合其他行业的品牌,推出合作品牌主营业务的相关产品。这是较为常见的一种营销模式,如大白兔奶糖与美加净联合推出大白兔奶糖味唇膏、Rio和三丽鸥联名的糖果等。

九、知识产权营销

知识产权(Intellectual Property,IP)是指人们对其智力劳动成果所依法享有的专有权利,通常是国家赋予创造者对其智力劳动成果在一定时期内享有的专有权或独占权。IP营销是指品牌通过打造独有的情感、情怀、趣味等品牌内容,持续输出价值,汇集用户,使用户认同品牌的价值观,对品牌产生信任,从而获得长期用户流量的营销模式。

例如,近年来,在中国传统文化备受关注的大背景下,不少博物馆开始挖掘文化藏品背后的故事,以文物为IP开展IP营销,通过更加生动的方式输出和传承中国传统文化。以陕西历史博物馆为例,制作文物文创小摆件、Q版人物形象等开展IP营销。

十、借势营销

借势营销是将销售目的隐藏在营销活动中,将产品推广融入用户喜欢的环境,使用户在该环境中了解产品并接受产品的营销模式。借势营销可以起到实现广告效应、促进品牌传播和聚集粉丝的作用。开展借势营销前,需要先选择合适的"势",如节气、节日、社会重点事件和热点等。

任务三　新媒体营销策略

一、短视频营销

现如今，观看短视频已经成为人们日常生活中常见的休闲娱乐方式，短视频也被广泛应用于产品宣传、品牌塑造等方面。短视频能够以视频的形式展示营销信息，使其更加立体化。短视频更具有情感和代入感，容易带动用户的情绪，从而建立产品或品牌与用户之间的情感链接，吸引用户的注意力。伴随着抖音、快手等短视频 App 的火爆，短视频平台也迅速成为新媒体营销的主流平台。

（一）抖音

抖音是近年来非常热门的短视频软件，其市场占有率不断扩大，现已发展成了"超级 App"。艾媒咨询关于"短视频用户最常使用的产品"的调查结果显示，抖音以 45.2%的占比排名第一。抖音以展示自我个性的定位，吸引了不少年轻用户的目光，而简单易操作的特点也使其受到了广大用户的欢迎。作为商业价值较高的社交软件，抖音是目前主流的短视频营销平台之一。

（二）快手

在短视频流行的时代，抖音和快手占据了短视频的半壁江山，通过抖音、快手走红的人也越来越多，这两个平台也被看作短视频营销的首选平台。自上线发布以来，快手一直保持较快的扩张速度，伴随着快手中聚集的流量越来越多，其商业价值也得到了充分显现，吸引了大量品牌商的关注。

（三）直播

直播大多指网络直播，是指在现场随着事件的发生、发展进程同步制作和发布信息，具有双向流通过程的网络信息发布方式，如淘宝直播、抖音直播、视频号直播等。

1. 直播的特点

（1）发布快捷。便携式移动通信设备提供了能够随时随地对周边转瞬即逝的事件进行直播的便利条件，主播第一时间进行直播，用户也能第一时间观看直播动态。

（2）双向互动强。在直播过程中，用户不再只是单纯的信息接收者，用户可以发布即时评论，也可以进行留言，与主播进行互动，双方可在线讨论同一事件。

（3）直播趣味化。主播在直播的过程中可以利用不同的直播功能（如抽奖、滤镜、变声、提问等）增加直播的趣味性，也可以在直播中加入一些情节，让直播变得生动有趣。

2. 直播的类型

根据直播内容的区别，可将直播分为六大类型，即电商型直播、教学型直播、才艺型直播、商务型直播、生活型直播和游戏型直播，如表9-2所示。

表9-2 直播的类型

类型	直播目的	主要变现方式	对应模式	代表平台
电商型直播	营销、"带货"	出场费、销售佣金	电视购物	淘宝直播、京东直播、快手直播、拼多多直播、抖音直播
教学型直播	教学	课酬、销售提成、出场费	电视大学	小鹅通、瞩目、鲸打卡
才艺型直播	娱乐	打赏分成、广告植入	电视综艺	YY、快手直播、抖音直播
商务型直播	会议	不以营利为目的	视频会议	钉钉直播、企业微信直播
生活型直播	分享	打赏分成、广告植入	朋友圈小视频	微博直播、QQ空间直播
游戏型直播	解说	平台流量分成、打赏分成、广告植入	体育直播	虎牙直播、斗鱼直播

二、搜索引擎营销

搜索引擎营销是一项重要的网络推广策略，它通过在搜索引擎中优化网站内容，增加网站在搜索结果中的曝光度，从而带来更多的流量和潜在客户。

搜索引擎营销最关键的内容是对关键词的处理。关键词是用户在搜索引擎中输入的词语，它与网站内容密切相关。通过精确研究和选择关键词，我们可以获得更多的曝光机会，从而提高网站的点击量和转化率。关键词不仅仅为了网站排名，更是为了理解用户的搜索意图，提供更好的用户体验。我们可以通过以下几个技巧准确找到关键词。

（1）竞争对手分析。通过分析竞争对手，分析他们的关键词使用情况，了解他们的优势和局限性，选择与自己网站相关的高潜力关键词，并不断优化网站内容，提高在搜索结果中的排名。

（2）用户调研法。了解用户搜索习惯和需求的方法。通过向用户提供一些问题，根据用户需求，优化网站内容，满足用户的搜索意图。

（3）关键词工具的应用。常见的关键词工具包括Google AdWords关键词规划工具、百度指数和谷歌趋势等。通过输入相关的关键词，这些工具可以提供关键词的搜索量、竞争程度等数据。

三、微信营销

随着微信的功能越来越完善，其用户越来越多，微信也成为重要的新媒体营销平台，很多运营人员都会开设微信个人号,通过朋友圈进行营销。此外,运营人员还会注册并设置微信公众号,通过发布微信公众号文章塑造品牌形象,传递营销信息。

(一)微信个人号营销

微信个人号是指个人用户申请开通的微信账号,可用于扩大产品或品牌的影响,刺激产品销售、维护客户关系。个人和企业都可以利用微信个人号开展营销,营销对象大多是熟人或从外部渠道引流而来的用户。要想做好微信个人号,需要从以下几个方面入手。

(1)打造微信个人号。微信个人号代表个人形象,会影响用户对营销者的印象,也就是说,打造一个让人印象深刻的微信个人号是使用微信个人号进行营销的重要环节。

(2)添加尽可能多的微信好友。微信好友是利用微信个人号开展营销的基础。一般来说,微信个人号的好友数量越多(目前微信最多可以添加 10 000 个好友),营销的范围越广,效果越好。

(3)管理微信好友。添加好友后,营销者还应该及时对微信好友进行管理,做好微信好友的备注与分组,提高沟通效率,降低沟通成本。

(4)经营微信朋友圈。微信朋友圈是微信个人号的一个社交功能,用户可以通过微信朋友圈发布文字、图片或视频等内容,也可以将其他软件中各类型的信息分享到微信朋友圈。

通过以上四个方面的建设,一个具有营销作用的微信个人号就能建立完成并实施营销。

(二)微信公众号营销

微信公众号是基于微信开发的功能模块,它充分利用了微信的特点,吸引大量个人和企业用户使用其开展新媒体营销。微信公众号主要有四种类型,分别是服务号、订阅号、小程序和企业微信,它们的特点、主要功能、适用对象均有差异,如表9-3所示。

表 9-3 不同类型微信公众号的特点

账号类型	特点	主要功能	适用对象
服务号	具有用户管理和提供业务服务的能力,每月可群发4条消息	服务交互	有开通微信支付、销售产品等需求且服务需求大的媒体、企业、政府或其他组织
订阅号	具有发布和传播信息的能力(类似报纸、杂志,提供新闻信息或娱乐资讯),每天可群发1条消息	传达资讯	只想简单发送消息、宣传推广的个人、媒体、企业、政府或其他组织
小程序	是一种开放功能,不用下载,可以在微信内实现便捷地获取与传播信息	建立联系	有服务内容的个人、媒体、企业、政府或其他组织
企业微信	可以充当企业办公管理工具和客户管理工具,可与微信消息、小程序、微信支付等协同使用	企业管理和沟通、客户管理	有内部通信和客户管理需求的企业等

四、自媒体宣传推广

自媒体营销是一种新兴的市场营销手段,它充分利用了社交媒体的优势,为企业提供了更多的商机。具体来说,自媒体营销是指企业通过社交媒体平台,以技术、内容、产品、服务等为支撑,进行宣传、推广和沟通,以达到推广业务、增加品牌知名度和拓展更多客户群的目的。在众多自媒体平台中,效果较为突出的要数小红书平台。

小红书是一款以用户生成内容为核心的社交电商平台,用户在平台上分享购物心得、产品推荐等内容,并与其他用户进行互动和交流。品牌可以通过小红书平台进行精准的目标用户定位和有效的品牌推广。在接下来的讨论中,我们将重点关注小红书的营销策略,并探讨如何利用其社区性、用户粘性和影响力来实现品牌推广和营销目标。

(一)小红书特点

1. 以美妆和穿搭为特色内容

小红书平台上美妆、穿搭等方面的内容分享占据较大比例,久而久之,美妆和穿搭成为小红书的特色内容,用户会习惯性地去小红书平台搜索美妆和穿搭方面的笔记。如今,小红书平台的内容分享逐渐多样化,平台内容包含美妆、运动、旅游、家居、酒店等触及消费经验和生活方式的众多方面,但美妆和穿搭仍是其主要内容。

2. 以女性为主导

正因为小红书平台上的美妆和穿搭内容占比较大,所以女性用户在小红书平台占比较大,在"女性经济"作用下,大量美妆、服饰品牌争相入驻小红书。

3. "种草"①氛围浓厚

很多用户在购买某类商品前,会去小红书平台搜索和查询,看其他用户的评价和笔记,从而做出选择。小红书平台已经形成了浓厚的"种草"氛围,用户会自发的在小红书平台上分享好物,也会被其他用户的"种草"和推荐所影响而购买商品。

4. 图文式笔记攻略受欢迎

图文笔记和生活攻略内容也是小红书一大特色,其图文的流量甚至超过短视频,这也使抖音、快手等平台开始发力图文板块。

(二)小红书用户群体

干瓜数据发布的相关数据显示,小红书平台的活跃用户呈现出的特点如表9-4所示。

---

① 种草,网络流行语,本义即播种草种子或栽植草这种植物的幼苗,后指专门给别人推荐好货以诱人购买的行为。

通过对小红书的分析，我们可以发现，自媒体拥有巨大的用户群体，并且，现在的用户更愿意相信商业性质没有那么强的 KOC[①]，多样化的内容更适合品牌宣传，同时，自媒体平台重视用户体验，能够给用户带来更好的感受。

表 9-4　小红书平台用户特点

属性	特点
所在城市	用户主要集中在北京、上海、广州等一线城市，城市女性白领是小红书的主要用户群体
用户年龄	18～24 岁用户占比较高，18～35 岁用户占比超过 80%
用户性别	女性用户占比超过 90%，在"女性经济"的驱动下，小红书成为很多美妆品牌、服饰品牌和时尚品牌的营销首选
消费偏好	用户关注的热点问题占比从高到低依次为彩妆、护肤、穿搭、饮食、摄影、健身等； 用户具有较强的消费能力，并有相应的消费需求，追求高品质的生活

[①] KOC，英文全称 Key Opinion Consumer，即关键意见消费者，一般指能影响自己的朋友、粉丝产生消费行为的消费者。

实训十 营销技能实训

一、实训项目

实训内容：策划新品新媒体营销方案。

二、实训目的

通过利用新媒体营销方式进行新品宣传，制定策划方案，学会如何策划和实施新媒体营销。

三、实训任务

贵州人最爱的折耳根新出了一款商品——折耳根冰淇凌，在本地销量非常好。为了使其能够推往全国各地，请为其策划一个新媒体营销方案。

四、实训步骤与要求

（1）选择实施平台。首先从小红书、抖音、快手、微信、视频号等平台选择一个或几个作为实施平台，然后根据所选平台的特点选择对应实施方式，如直播、图文、图文加文字等。
（2）创作文案。根据所有的平台和宣传方式的不同，选择适合的新媒体营销策划方案，创作直播脚本或宣传文案。
（3）执行策划。根据策划内容，按要求执行策划，直播十分钟，并发布一条宣传推广图文。
（4）记录并提交。以直播录屏或截图的方式，提交实训内容。采用直播或图文，应提交整体的观看量数据，体现推广效果。

五、考核评价

教师评价50%，组内互评20%，组间互评20%，自评10%。

习 题

一、单项选择题

1. 以下关于新媒体定义的叙述中，正确的是（　　）。
   A. 新媒体是一个绝对的概念
   B. 手机之于计算机是新媒体
   C. 新媒体只可以传播文字、声音和图像
   D. 新媒体的发展离不开互联网技术

2. 与抖音属于同一类平台的是（　　）。
   A. 快手　　　　　　　　　　B. 今日头条
   C. 知乎　　　　　　　　　　D. 小红书

3. 以下属于 IP 人格化的是（　　）。
   A. 通过影视打造可以代表品牌形象的人物 IP
   B. 将产品符号化
   C. 将品牌创始人作为 IP
   D. 通过产品承载 IP

4. 微信个人号和微信公众号的组成中基本都有（　　）。
   A. 头像、名字、个性签名
   B. 头像、名字、简介
   C. 头像、名字、IP 定位
   D. 头像、名字

5. 下列选项中，属于新媒体的是（　　）。
   A. 电视　　　　　　　　　　B. 手机媒体
   C. 广播　　　　　　　　　　D. 报纸

6. 下列不属于新媒体营销方式的是（　　）。
   A. 跨界营销　　　　　　　　B. 互动式营销
   C. 柜台营销　　　　　　　　D. 知识营销

二、多选题

1. 借势营销可以选择（　　）作为借势对象。
   A. 节气　　　　　　　　　　B. 节日
   C. 社会灾难事件　　　　　　D. 热点

2. 下列属于新媒体营销方式的有（　　）。
   A. 病毒营销　　　　　　　　B. 口碑营销
   C. 社群营销　　　　　　　　D. 情感营销

习题测评

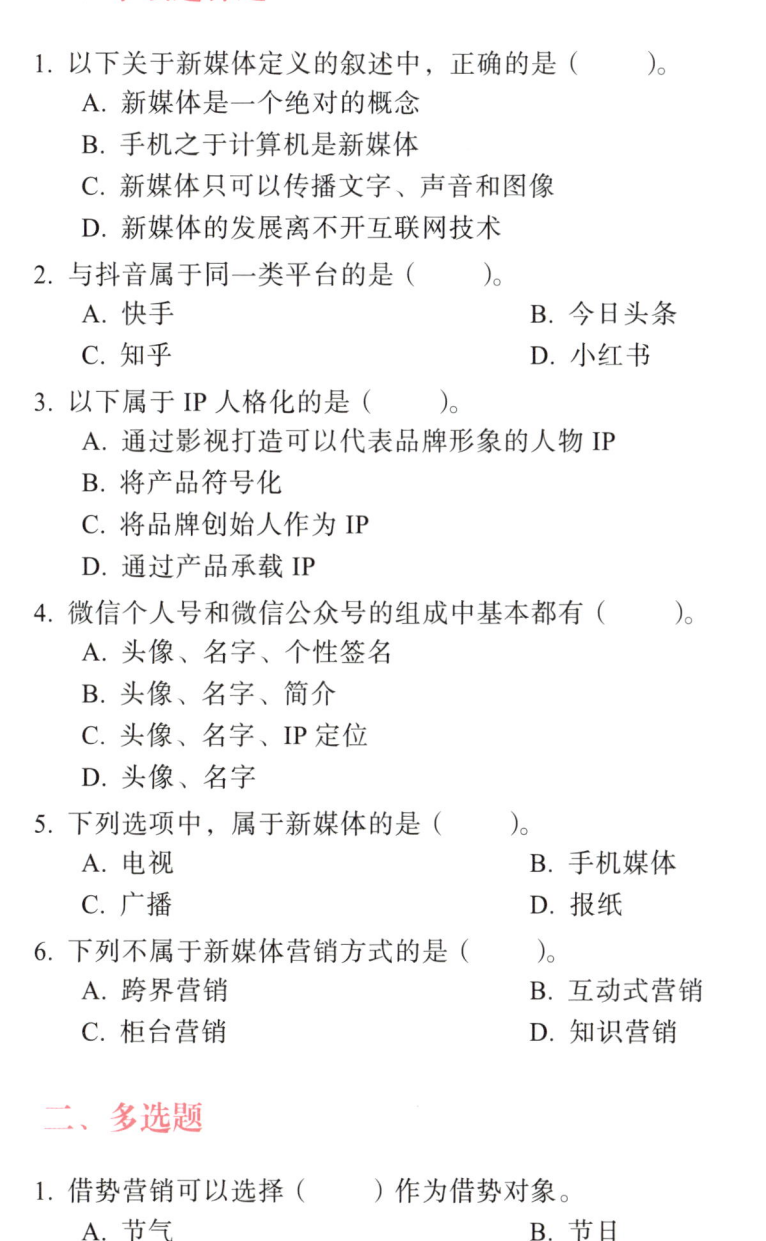

3. 新媒体营销类型的是（　　）。
   A. 社交媒体　　　　　　　　B. 视频媒体
   C. 音频媒体　　　　　　　　D. 网络直播
4. 微信公众号的账户类型有（　　）。
   A. 服务号　　　　　　　　　B. 订阅号
   C. 企业微信　　　　　　　　D. 小程序
5. 直播的类型有（　　）。
   A. 电商型直播　　　　　　　B. 教学型直播
   C. 才艺型直播　　　　　　　D. 游戏型直播

三、判断题

1. 情感是情感营销的基础。（　　）
2. 短视频更具有代入感，容易带动用户的情绪，从而建立产品或品牌与用户之间的情感链接，吸引用户的注意力。（　　）
3. 直播过程中不能与主播进行互动。（　　）
4. 新媒体营销的载体是互联网。（　　）
5. 口碑营销是利用人传人的方式。（　　）

主要参考文献

[1] 张丽，郭凤兰，张纬卿. 市场营销基础与实务（微课版）[M]. 2 版. 北京：人民邮电出版社，2023.

[2] 王枝茂，赵爱威. 市场营销基础[M]. 3 版. 北京：中国人民大学出版社，2021.

[3] 李东进，秦勇. 市场营销理论、工具与方法（微课版）[M]. 北京：人民邮电出版社，2021.

[4] 赵云栋，何璐. 新媒体营销概论（慕课版）[M]. 3 版. 北京：人民邮电出版社，2024.

[5] 严志华，贾丽. 新媒体营销与运营（微课版）[M]. 2 版. 北京：人民邮电出版社，2023.

[6] 华迎. 新媒体营销实务[M]. 北京：人民邮电出版社，2024.

[7] 田禾，陈蔚，黄惊. 市场营销（慕课版）[M]. 北京：人民邮电出版社，2023.

[8] 王永贵. 市场营销[M]. 2 版. 北京：中国人民大学出版社，2022.

[9] 陈凯. 市场调研与分析[M]. 2 版. 北京：中国人民大学出版社，2021.

[10] 艾·里斯，杰克·特劳特. 定位[M]. 邓德隆，火华强，译. 北京：机械工业出版社，2017.

[11] 尹一丁. 市场营销二十讲[M]. 北京：清华大学出版社，2023.

[12] 王晓华，戚萌. 营销策划（慕课版）[M]. 北京：人民邮电出版社，2022.

[13] 武录齐，陈婧. 市场营销基础与实务[M]. 北京：人民邮电出版社，2022.

[14] 王丽丽. 市场营销策划[M]. 北京：高等教育出版社，2019.

[15] 朱金福. 营销策划实务. 北京：高等教育出版社，2019.